커리어의 전환과 발전을 고민하는 직장인들에게

불안하면 MBA

김상명 김준태 김태수 김태욱 손은택 이은규 진기혁

박영사

추천 서문

인사고과 A를 원한다면, 지금 당장 MBA에 진학하라! 인사고과와 관련된 직장인들의 유형은 크게 4가지로 구분할 수 있다.
(1) 현 직무에 만족하며 인사고과 S/A등급을 받는 사람
(2) 인사고과 B+로 그럭저럭 괜찮게 직장 생활을 하는 사람
(3) 인사고과 B급으로 미래가 막연히 불안한 사람
(4) 인사고과 D급으로 업무 역량이 조금 미달하는 사람

이 중에서 당신은 어디에 소속되었다고 자평하는가? 이 책은 (2)와 (3)의 상황으로 자신을 평가한 사람들에게 아주 적합한 책이다. (1)은 성공하는 직장인의 롤모델로 굳이 MBA를 권유하고 싶지 않으나 실제로 입학해 보면 (1)의 유형이 가장 많다. 그럼에도 (2)와 (3)에게 이 책을 추천하는 이유는 최고의 리프레쉬와 최고의 자기개발 기법이 MBA이기 때문이다. 자기개발서 1,000권을 읽는 것보다 훨씬 강력한 내공과 학위도 취득할 수 있다. 그렇기에 이 책의 주제는 '불안하면 미래를 담보할 수 있는 MBA에 진학하라'는 것이다.

누구나 인정하겠지만 대한민국의 직장 분위기는 매우 타이트하다. 국토면적 1004만ha로 110위권인 나라가 경제대국 10위를 달리고 있으니 당연한 현상일지도 모른다. 월화수목금금금으로 이어지는 1주일이 어떻게 시간이 지났는지도 모르게 흘러가 버린다. 눈코 뜰 새 없이 1주일을 보내다 보면 1달이 금방 가고 계절도 변한다. 연말이 되면 기업들은 또다시 위기경영을 선포하며 직장인들을 옥죈다.

이것이 대한민국 직장의 현주소이다.

그렇다면 왜, MBA일까? 불안한 미래를 담보할 수 있기 때문이다. 위기를 극복하고 자기무장을 할 수 있는 최고의 수단이 MBA이다. 기업은 '갑'이고 직장인은 '을'이다. 을이 경쟁력을 갖추면 갑은 을을 자연스럽게 필요로 한다. MBA는 자기개발의 표상이요, 증표다. 한 번 직장이 평생 직장이던 시절은 이미 끝났다. 실력만 있으면 언제든지 을도 기업을 골라서 선택할 수 있다. 본인이 미래를 선택하고, 찬스가 왔을 때 이직에 성공하려면 MBA가 필수인 세상이 이미 도래한 것이다.

MBA를 하면 무엇이 좋을까? 첫째는 직무적으로 내공을 쌓을 수 있다. 둘째는 스트레스를 날릴 수 있다. 직장에서 이야기할 수 없는 것들을 MBA 동기들과 얼마든지 상담할 수 있기 때문이다. 셋째는 인맥과 네트워크를 넓힐 수 있다. 우물안의 개구리가 아니라 세상이 넓다는 것을 자각할 수 있다는 의미다. 넷째는 헤드헌터들은 MBA 출신을 극선호한다. 그렇기에 언제든 이직할 수 있는 타이밍을 잡을 수 있다. 다섯째는 다양한 MBA 과목의 학습을 통해 견문을 넓힐 수 있다. 그 밖에도 본인이 스스로 뿌듯하여 긍정적인 사고방식을 확보할 수 있다. 주경야독하면서 자연스럽게 사람이 변한다.

그런데 언제, MBA에 입학해야 할까? 정답은 나와 있다. ASAP! 직급이 낮을수록 좋다. 회사에서 김대리의 고민과 박과장의 고민 그리고 회사에서 운신의 폭이 좁아진 오부장(팀장급)의 고민은 서로 다를 수밖에 없다. 하지만 모든 길이 로마로 통하듯이 MBA 입학에 길이 있다. 저직급자가 MBA를 간다고 하면 회사는 오만하다고 판단할지 모르지만 그것은 어디까지나 회사의 사정이고, 본인만 놓고 볼 때는 저직급이 유리하다. 머리회전도 빠르고 주경야독을 위한 체력적으로도 건강한 때이다. 나는 과장 때 MBA를 시작했다. 돌이켜 보면 딱 좋은 최고의 적기였다. 부장급은 데드라인이다. 여기서 변수가 하나

있다. 어떻게 하면 MBA에 입학할 수 있을까? 일단은 자신이 맡은 업무부터 잘 해야만 한다. 일도 못하는 사람이 MBA에 가겠다고 하면 좋아할 상사가 누가 있겠는가? 반대로 일을 잘하는 사람은 대리나 과장급이든 회사에서 밀어줄 확률이 매우 높다. 오히려 회사가 MBA학비를 지급해주면서 실력을 쌓은 다음에도 오랫동안 회사에 기여해줄 것을 원하기 때문이다.

이 책의 목적은 MBA를 희망하는 사람에게 길라잡이가 되는 것이다. A에서 Z까지를 체계적으로 다룬다. 뜬구름 잡는 이야기는 지양하고 실제로 MBA를 졸업한 7명이 뭉쳤다. 명저의 등장을 진심으로 환영한다. 당신은 지금 미래가 불안한가? 그렇다면 이 책을 읽고, MBA에 승선하라. 새로운 희망과 미래가 동시에 열릴 것이다.

No.1브랜드 추성엽 대표(연세대 MBA)

추천사

다양한 분야의 원우들과 함께 한 MBA 과정은 사회생활에 큰 도움이 되었습니다. 이 책을 통해 MBA에 대한 폭넓은 정보를 알 수 있으며, 여러 학교의 MBA에 대한 경험을 각 학교 출신 저자로부터 생생하게 알 수 있다는 장점도 있습니다. 더 나은 미래를 위한 투자로 MBA를 고민하는 분이나 자기개발 방법을 찾고 있는 분이라면 이 책이 최적의 가이드가 될 것입니다.

범광진, (주)KB자산운용 리테일마케팅실장

나는 직장 12년차, 6세 아이를 키우는 워킹맘으로 녹록치 않은 현실에서 오랜 고민 끝에 MBA에 진학했다. 그리고 졸업과 동시에 더 큰 역할로 이직에도 성공할 수 있었다. 그 고민의 시기에 이 책을 만났더라면 얼마나 좋았을까. 직장인으로서 더 경쟁력을 갖추고 싶은가? 불안한 미래를 준비하고 싶은데 무엇부터 시작해야 할지 모르겠는가? 성장에 목마른 이들에게 이 책은 훌륭한 길잡이가 되어줄 것이다.

고혜진, 스와로브스키코리아 Head of HR

누구나 변화를 원하지만, 자신은 변하고 싶어하지 않습니다. 불안함을 성장의 에너지로 변화시킬 수 있는 곳, 다양한 경험과 지식을 가진 Human Library를 경험할 수 있는 곳, 바로 MBA입니다. 나이 들고 소외당하는 미래의 나를 책임져 줄 사람은 젊고 열정있는 현재의 나밖에 없습니다. 지금이 바로 도전의 순간입니다. 고민은 성장을 멈출 뿐 이 책과 함께 바로 준비해 보세요.

문준호, DB손해보험 경영기획실 수석

급변하는 시대 속에서 '나'를 지키며 성장하고자 하는 이들에게 이 책은 방향을 제시합니다. 현실과 경영의 접점에서 고민하는 이들에게 MBA는 실질적 대안이 될 수 있습니다. 현장의 문제를 넘어 미래의 기회를 준비하는 이들에게 꼭 권하고 싶은 책입니다.

이응섭, 노무법인 ON 대표 공인노무사

이 책은 직장인이 왜/굳이/어떻게 MBA에 도전하는지를 명쾌하게 알려줍니다. 기술과 사람 모두 끊임없이 '버전 업데이트'가 필요한 시대, 직장인 MBA는 단지 학문을 넘어 집단지성을 경험하고 평생 동지를 만나는 특별한 여정이 될 것입니다.

오보명, 아카라라이프 CX부문 상무

반복되는 회사 생활로 업무의 방향성과 미래에 대해 고민하던 중 기업 운영과 전략, 마케팅, 재무 등 다양한 경영 분야를 학습을 통해 더욱 발전하고 싶은 마음이 생겨 MBA에 진학을 결심하게 되었습니다. MBA 과정을 통해 다양한 산업과 기술 분야에 적용되는 이론 및 실전을 간접 경험할 수 있었고, 현재는 기술과 경영이 상호작용하는 지점에서 혁신을 이끌어가는 전문가로 성장하는 것이 제 목표입니다. 이 책은 저와 같은 시기에 고민이 많은 청춘들에게 MBA 진학을 생각해볼 수 있게 해주는 계기를 제공합니다.

손승환, GC 녹십자 사업개발본부 매니저

평생교육은 고령화 시대를 살아가는 우리 사회에 중요한 화두라고 생각합니다. 이러한 맥락에서 MBA는 직장인과 사업가들에게 유용한 평생교육의 한 방안으로 주목받고 있습니다. MBA는 학위를 기반으로 개인의 전문지식과 경험을 더욱 날카롭게 다듬어 현업에서 경쟁력과 가치를 높이는 데 큰 도움이 됩니다. 저 역시 늦은 나이에 MBA를 마쳤는데, 시작할 때 막연함과 두려움으로 많은 고민을 했던 기억이 납니다. 만약 이 책이 그때 출간되었더라면 MBA 선택 과정에서 고민을 훨씬 덜었을 것 같습니다. 이 책은 저자들의 경험을 바탕으로 MBA 전반을 다룬 최고의 실용서로, MBA를 고민하는 이들에게 훌륭한 길잡이가 되어줄 것입니다.

이진우, 코스맥스 BTI 건강기능식품관리부문 전무

목 차

프롤로그 · 15

제 1 장
왜 MBA일까?

1. 대한민국 직장인은 왜 불안할까? · 21
   1) 불안을 극복하기 위한 노력 · 23
   2) 불안을 줄이기 위한 행동들 – 자기개발, 운동 그리고 대화 · · · · · 25
2. 위기를 극복하는 성장 · 26
   1) AI 시대, 불안은 더욱 커지고 있다 · 28
   2) 자기개발의 총합, MBA · 30
   3) 지피지기로 목표를 달성하자 · 31
3. 미래를 만드는 기회 · 33
   1) 이직의 기회 · 34
   2) 임원과 창업의 기회 · 36
   3) 좋은 기회를 알아보기 · 38
4. 나를 완성하는 관계 · 40
   1) 사회에서 만나는 친구 · 41
   2) 멘토를 만나다 · 42
   3) 불안을 줄이는 관계 · 45

제 2 장
MBA로 향하는 사람은 누구인가?

1. 기업은 생존을, 직장인은 성장을 꿈꾼다 ·························· 50
   1) MBA, 직장인 성장의 필수가 되다 ······························ 50
   2) 대기업 임원, 왜 MBA를 다시 찾는가 ························· 54
   3) 중견기업과 스타트업, MBA로 기회를 넓히다 ············· 56

2. 금리는 오르고, 기회는 사라진다 ···································· 58
   1) 금융권 변화 트렌드 : 생존을 위한 재구성 ················· 59
   2) 금융권 MBA 졸업생의 변화 ······································ 60

3. 책임은 무겁고, 관행은 버거워진다 ································ 61
   1) 공무원 : 승진의 벽을 넘기 위한 선택 ······················· 62
   2) 군 장교 : 전역 후 민간 커리어 전환을 위한 준비 ······· 63
   3) 공기업 : 생존을 위한 경영 혁신 ······························ 63
   4) 비영리단체 : 지속 가능한 운영을 위한 경영 혁신 ······ 64

4. 자격을 쌓고, 길을 넓히다 ··· 65
   1) 환자 치료를 넘어 조직 경영자로 ······························ 66
   2) 변호사·회계사·세무사 : 자격증만으로는 부족한 현실 ··· 66
   3) 지역 전문직 : 공간의 한계를 넘어 ··························· 67
   4) 경영지도사 : 경험에 학문을 더하다 ·························· 68

제 3 장
언제 MBA에 입학해야 하나

1. 직장, 출발선에서 길을 찾다 ··· 71
   1) 커리어 첫 갈림길, MBA를 고민하다 ························· 71
   2) 조기 진학의 기회와 현실적 고려 ······························ 72

3) 주니어 시기, MBA 준비 전략························· 74
2. 리더십과 전문성 사이에서································· 75
　　1) 실무 경험 이후, MBA의 의미························· 75
　　2) 리더십 강화와 네트워크 확장························· 76
　　3) 업무·학업·가정의 병행 전략························· 77
3. 경험을 넘어서 새로운 도약으로······························ 78
　　1) 임원 승진과 제2의 커리어를 향해···················· 78
　　2) 실무 경험 체계화와 최신 트렌드 학습················ 79
　　3) 전략적 MBA 선택과 적용···························· 80
4. 고민의 끝에서 - 모든 길은 결국 어딘가로 통한다··············· 81
　　1) MBA는 수단이다, 목적이 아니다····················· 82
　　2) 내게 맞는 타이밍과 목표 설정······················· 82
　　3) 졸업 이후의 실천과 성장···························· 84

제 4 장
어떻게 준비할 것인가

1. 직장, 가정을 든든한 지지자로 만들라························ 89
　　1) 직장 상사, 동료의 지지····························· 89
　　2) 가족 구성원의 지지································ 92
2. 등록금, 구하면 길은 있다··································· 98
　　1) 회사 지원·· 98
　　2) 학교 장학금······································ 99
　　3) 학자금 대출······································ 99
3. 마인드셋 전환은 필수다···································· 103
　　1) 열린 마음······································· 104
　　2) 철저한 시간관리 의지····························· 105

3) 열정 충만한 성장형 마인드셋 ······················· 105
4) Giver의 마인드셋 ···································· 106
5) 체력 및 정신건강 챙김 ······························· 107

4. 입학 전형 준비 - 일정확인, 서류전형, 면접 ············· 108
1) 입학 전형 일정 확인 ································· 110
2) 서류 전형 ··· 111
3) 추천서 ·· 112
4) 면접 전형 ··· 114

제 5 장
국내 MBA현황

1. MBA 역사와 성장 배경 ······························· 119
1) MBA 탄생과 글로벌 확산 ·························· 119
2) 한국 MBA의 도입과 성장 배경 ···················· 121
3) 변화하는 경영 환경과 MBA의 진화 ··············· 122

2. 학교별 MBA 프로그램 ······························· 124

3. 기업 연계 프로그램 ··································· 136

4. MBA 최신 트렌드 ····································· 139
1) 디지털 전환과 MBA 커리큘럼의 변화 ············ 141
2) 창업, 벤처, ESG 트렌드의 강화 ··················· 143
3) 온라인·하이브리드 MBA와 유연 학습의 확산 ······ 145

제 6 장
무엇을 배우는가

1. 주요 전공 및 커리큘럼 · 151
2. 실무 중심 프로그램 · 157
3. 인적 네트워크의 힘 – 소모임 · 175

제 7 장
한국 MBA의 기능과 전망

1. 졸업 이후 변화 · 187
   1) 커리어 발전과 기회 확대 · 187
   2) 비즈니스 능력 및 리더십 개발 · 189
   3) 폭넓은 인맥 형성 · 190
   4) 자기개발 및 개인적 성장 · 192
2. MBA가 만들어 내는 차이 · 194
3. 한국 MBA 전망 · 196
   1) 4차 산업혁명 시대에 대응하는 MBA · 196
   2) 글로벌 경쟁력 강화 · 197
   3) 교육 방식의 진화 · 199
   4) 산업 맞춤형 세분화 · 200
   5) 한국 MBA가 나아가야 할 방향 · 202

우리는 그렇게 걸어왔다

[김상명] 또 하나의, 새로운 배움을 선택하며 · 207
[김준태] 다시, MBA를 선택하며 배운 것들 · 209
[김태수] MBA는 가족 관계에도 영향을 준다 · 212
[김태욱] 전문직이라는 우물에서 벗어나다 · 215
[손은택] 경영을 비춰주는 세 가지 안경을 얻다 · · · · · · · · · · · · · · · · · · 216
[이은규] MBA가 결국 내게 남긴 건 · 218
[진기혁] MBA에서의 슬럼프 극복 · 220

에필로그 · 225
미주 · 227

프롤로그

불안하면, MBA

'살아가면서 불안하지 않은 적이 있었나요?'라는 질문을 받으면, '누구나 불안한 순간이 있었다'라고 할 것이다. 미래에 대한 불확실성이 가장 큰 이유이겠지만, 작게는 직장에서의 경쟁, 삶의 방향에 대한 고민 등 누구나 한두 번은 이 불안을 마주했을 것이다. 특히 사회에서 일정한 경험을 쌓고나면 더욱 고민이 깊어진다. '지금 이대로 괜찮을까?'라는 질문이 머릿속을 맴돌고, 새로운 도약이 필요하다는 생각이 들지만, 어디서부터 무엇을 해야 할지 그저 막막할 뿐이다. 이 책은 그런 불안을 안고 MBA를 고민했던, 우리들의 이야기이다. 서로 다른 배경의 우리가 MBA를 선택하며 겪은 변화와 성장을 나누고자 한다. 단순히 경험만을 이야기하는 것이 아니라, MBA의 현황을 배경으로 5W1H를 적용하여 독자들로 하여금 실제와 가까운 이야기들을 들려주고자 한다. 특히, 특정 학교 MBA를 설명하는 것이 아닌 다양한 학교의 MBA 출신들의 경험담을 생생히 들려주어 단순히 학위 취득을 위한 과정이 아닌 스스로의 가능성을 확장하는 맞춤형 기회로 MBA가 개인에게 어떤 의미를 가질 수 있는지를 이야기 하려고 한다.

물론, MBA가 모든 문제를 해결해주는 만능 키는 아니다. 하지만, 각 개인의 MBA 과정이 각각 어떤 기회를 제공했고, 그 과정에서 어떻게 성장할 수 있었는지를 보여줌으로써, 독자들에게도 하나의 가능성을 제시하고자 하는 것이다. MBA를 선택하는 것이 정답이 아닐 수도 있지만, MBA는 불안을 기회로 바꿀 수 있는 선택지 중 하나다.

  이 책은 도전과 변화 속에서 MBA가 어떤 기회를 줄 수 있는지를 생생히 보여줄 것이다. 누가 MBA를 선택하는지 나에게 맞는 MBA는 어디인지 언제부터 무엇을 어떻게 준비해야 하는지를 이해하기 시작한다면 이 책은 분명 작은 나침반이 될 것이다. 불안하다는 것은 변화를 준비할 수 있는 기회다. 그리고 MBA는 그 변화를 만들어 낼 수 있는 하나의 방법이 될 수 있다.

  불안을 기회로 바꿀 준비가 되어 있다면, 함께 이 여정을 시작해 보자. 이 책은 7개의 챕터로 구성되어 있다. 왜 MBA인지에 대한 근원적인 물음 뒤에 실제 MBA로 향하는 사람들은 누구인지에 대한 궁금증을 해소할 수 있을 것이다. 또 이러한 사람들이 언제 MBA에 입학해야 하는지에 대한 경험자 입장에서의 조언 그리고 어떻게 하면 MBA에 입학할 수 있을지를 구체적인 사례를 통해 경험할 수 있도록 구성했다.

  국내 MBA가 언제 도입되었는지, 최신 트렌드는 무엇인지 등에 대한 설명과 함께 국내 MBA 현황을 한 장으로 파악할 수 있는 'MBA 대동여지도'를 구성한 것도 흥미로울 것이다. MBA에 입학하여 배우는 주요 전공과목과 실무 경험의 직·간접 체험을 비롯, MBA의 꽃이라고들 이야기하는 다양한 산업군에 종사하는 원우들과의 인적네트워크를 보유하게 되는 과정들을 보여준다. 마지막으로 국내 MBA의 전망과 학위 취득이 주는 이점들을 다양한 학교에서 MBA를 취득한 원우들이 이야기하는 점도 흥미로울 것이다.

  저자들은 카이스트, 연세대학교, 고려대학교, 성균관대학교, 경희대학교, 서울시립대학교 등에서 MBA 학위를 취득했다. 그리고 다양한 산업분야에서 근무한 경험을 생생하게 전달하는 것도 매력적이다. 또 전략, 마케팅, 기획/개발, 인사, 구매, 총무, 영업, 세무회계 등 다양한 분야에서 근무했고, 앞으로 영역을 더 확장하기에 독자들에게 제공할 인사이트 또한 매력적일 것으로 생각된다. 개인의 역량을 발휘할 수 있는 직군들이 달라서, 하나의 회사를 창업하여 이끌어 나가는 것도 재미있겠다라는 말을 진담처럼 할 정도였다. MBA가 단순히 몸값을 올리기 위한 것은 아니고, 다양한 경영사례 분석을 통해 이론적인 적용과 더불어 방대한 MBA네트워크 그리고 수업을 통해 느껴지는 구성원들의 열정과 도전 경험은 직장에서 얻을 수 없는 자신만의 독특한 자산이 되는 것은 틀림없다.

우리는 독자들이 『불안하면, MBA』를 선택하는 데 주저없기를 바란다. MBA는 우리에게 후회 없는 선택이었고, 불안을 성장의 계기로 바꾸는 값진 경험이었다. 그렇다고 MBA에 관심이 있는 독자들에게만 정보를 전달하는 것에 한정되는 것은 아니다. 미래가 불안한 독자들이라면, 자기개발을 어떻게 하는 것이 효율적인지를 간접적으로 체험할 수 있는 경험담을 제공하기 때문이다.

저자 김상명, 김준태, 김태수, 김태욱, 손은택, 이은규, 진기혁

제1장

왜 MBA일까?

1. 대한민국 직장인은 왜 불안할까
2. 위기를 극복하는 성장
3. 미래를 선택하는 기회
4. 나를 완성하는 관계

'불 안 하 다.'

어쩌면 대한민국 직장인 모두가 가지고 있는 감정일 것이다. 직장인들은 기업의 규모나 개인의 성과와 무관하게 늘 불안을 안고 살아간다 해도 과언이 아니다. 회사가 탄탄하면 내부 경쟁에서 밀려날까 불안하고, 회사가 어려우면 생존할 수 있을지 불안하다. 성과가 좋으면 더 높은 기대와 내년 실적이 불안하고, 성과가 나쁘면 조직에서 도태되어 퇴출될까 불안하다. 새로운 업무나 역할은 기회인지 확신이 없고 과연 성과를 낼 수 있을지 불안하다. 하나의 업무에 집중하여 스페셜 리스트가 되는 것이 맞는지 다양한 경험을 통해 제너럴 리스트가 되는 것이 맞는지 확신할 수 없어 지금의 내 모습이 불안하다.

1980년대 약 10%에 이르렀던 대한민국의 경제성장률은 KDI(한국개발연구원)의 전망에 따라 2025년에는 1.6%로 낮아질 것으로 예측되며, 본격적인 저성장 시대가 시작되었다. 경제 성장의 침체는 직장인의 불안을 점점 더 커지게 만든다. 커지는 불안을 줄이기 위해 많은 직장인들이 자기개발에 열정을 쏟고 있다. 그 중 MBA는 고속 성장기였던 과거에는 고급 인재로 인정받는 엘리트 코스였고 이직이나 승진, 사업, 네트워크 확장 등에 확실한 효과가 있었다. 하지만 지금 MBA의 효과는 과거만 못하다. 비싼 등록금과 치열하고 힘든 과정을 견디어도 가시적인 보상이 없는 경우가 많다. 어쩌면 그저 개인 만족에 머무를지도 모른다. 그렇다면 왜, 불안한 직장인에게 지금 이 시점에 MBA가 필요한 것일까?

1. 대한민국 직장인은 왜 불안할까?

불안(不安), 불안의 사전전 정의는 '마음이 편안하지 않고 조마조마한 것'이다. 우리는 생활 속에서 경제의 변동, 기술의 발전, 경쟁사 소식, 시장의 변화 등 여러 정보나 사건들을 접하면서 불안을 느낀다. 우리는 왜 이러한 상황이나 소식을 들으면 마음이 편안하지 않고 조마조마한 감정을 갖게 되는 걸까? 알랭 드 보통(Alain de Botton)은 그의 저서 「불안」(Status Anxiety)에서 인간이 느끼는 불안의 원인을 다섯 가지로 정리했다.

첫째, 사랑과 인정에 대한 갈망이다. 우리는 타인에게 사랑받고 인정받고 싶어한다. 그리고 이를 위해 사회적으로 '높은 위치'에 올라야 한다고 믿는다. 그렇기에 그 위치에 도달하지 못했을 때나 자신이 차지한 자리를 유지하지 못할것 같아 불안을 느낀다. 둘째, 사회적 비교이다. 신분제가 사라진 현대 사회에는 누구나 성공할 수 있다는 믿음이 퍼져있다. 하지만 그만큼 남과 끊임없이 비교하고 경쟁하게 되었다. 신분이 동일한 모든 이를 대상으로 비교하게 되며 이는 곧바로 불안으로 이어진다. 셋째, 자유와 불안의 역설이다. 현대 사회는 개인의 선택을 중요시한다. 자유는 확대되었지만 그만큼 책임도 커졌다. 실패의 원인을 온전히 자기 자신에게서 찾고 모든 책임을 져야 한다고 생각하기 때문에 불안은 더욱 깊어진다. 넷째, 물질적 성공과 행복의 혼동이다. 현대 자본주의 사회에서 우리는 '부'와 '명성'이 행복을 가져다준다고 믿는다. 하지만 물질적 성공을 이루거나 유지하기 위해 더 큰 불안을 감내하게 된다. 마지막으로, 사회적 인정의 불확실성이라 할 수 있다. 현대 사회는 끊임없이 변하고 예측이 어렵다. 단 한 번의 실수나 예기치 못한 변화로 지금까지의 모든 것을 잃을 수 있다는 생각이 우리를 불안하게 만든다.

이러한 다섯 가지 요인은 대한민국 직장인의 불안과도 깊은 관련이 있다. 첫째, 직장 내 인정을 받지 못하면 자신의 가치마저 부정당하는 듯한 느낌에 불안해진다. 둘째, 성과가 뛰어난 동료나 커리어 상위권에 있는 사람들과 끊임없이 비교하면서 불안을 느낀다. 셋째, 직장 내 모든 결과가 자신의 선택과 책임이라고 여기며 실수나 실패에 대해 지나치게 자신을 책망하면서 불안해 한다. 넷째, 급여와 경제적 보상이 만족스럽지 않으면 행복할 수 없다고 느끼며 불안해진다. 다섯째, 사소한 실수나 외부 환경의 급변으로 인해 직장이나 직책을 잃을 수 있다는 불확실성이 늘 마음속을 불안하게 만든다. 이처럼 직장인의 불안은 다양한 형태로 나타나며 결국 고용 불안으로 이어진다. 2024년 벼룩시장의 조사에 따르면, 정규직의 78%, 비정규직의 95%가 고용 불안을 느끼고 있는 것으로 나타났다.[1] 이는 일을 하고 있는 대부분의 직장인들이 불안 속에서 살아가고 있다는 뜻이다.

불안은 심리적 요인에만 있지 않다. 지속되는 경기 불황과 경제적 불확실성은 기업의 존속 가능성에 영향을 미치고, 이는 직장인의 고용 안정성에 대한 위협으로 작용한다. 또한 여러 기업이 집중적으로 시행하고 있는 디지털 전환과 AI 도입은 이미 많은 일자리를 사라지게 했고 남아 있는 업무조차 자동화될 수 있다는 가능성을 제기한다. 빠르게 변화하는 기술은 효율성을 높이는 반면 고용의 기반을 흔들고 있다. 끝으로, 성과 중심의 조직 문화 역시 직장인의 불안을 키운다. 한국의 기업 문화는 점점 더 성과 중심적으로 재편되고 있으며 채용과 승진 그리고 평가의 기준 역시 성과에 집중되고 있다. 직장인들은 단지 '잘하는 것'이 아니라, '계속 잘해야 하고, 성과를 만들어야만' 살아남을 수 있다는 압박감 속에서 고용 불안을 더욱 크게 느낀다.

불안의 요인		직장 내 불안
외부적	경기 침체, 불확실성	경영난으로 인한 정리해고, 급여삭감의 불안
	디지털전환과 AI 도입	업무 대체로 인한 해고, 보직 변경의 불안
	성과 중심의 문화	지속적 성과 압박, 급여/커리어 하락의 불안
	직장 내의 인정 욕구	인정받지 못하는 것에 대한 불안
내부적	다른 직장인과 비교	고성과자와 끊임없는 비교로 인한 불안
	선택에 대한 책임	선택에 대한 모든 책임을 져야 한다는 불안
	급여로 측정되는 행복	급여를 올리지 못하면 행복할 수 없다는 불안
	직장 내 불확실성	작은 실수로 직장, 직책을 잃을 수 있다는 불안

1) 불안을 극복하기 위한 노력

행복을 위해 우리는 불안을 없애야만 하는 걸까? 불안을 완전히 제거할 수 있는 방법이 존재하긴 하는 걸까? 리처드 도킨스의 "이기적 유전자"에 따르면, 인간 DNA의 가장 큰 목적은 생존이며, 생존 경쟁 속에서 살아남을 수 있도록 설계되어 있다. 그런 관점에서 보면 '불안'은 생존을 위한 본능적인 감정이며, 오히려 우리가 앞으로 나아가게 만드는 원동력일 수도 있다. 그렇다면 중요한 것은 불안을 '제거'하는 것이 아니라, 그것을 '어떻게 조절하고 활용할 것인가'다. 우리의 유전자가 그러했듯, 우리는 변화에 적응하여 생존율을 높여야 하며, 적응과 생존을 위해 불안을 줄이는 방법을 찾아야 한다.

100% 불안을 제거하는 방법이 있다면, 그것은 분명한 거짓말이다. 따라서 불안을 줄이기 위해 다양한 노력을 꾸준히 이어가는 것이 중요하다. 그러다 보면 불안은 줄어들고 새로운 기회의 문이 열리기도 한다. 실제로 대한민국의 많은 직장인들이 불안한 마음을 극

복하기 위해 각자 자리에서 끊임없이 고민하고 방법을 찾고 도전하며 살아가고 있다. 나 역시 그 중 하나였다. 대기업에 근무하던 시절, 반복되는 업무 속에서 '내가 잘하고 있는 걸까?', '나의 역량이 정체되는 것은 아닌가?', '앞으로 계속 생존할 수 있을까?'라는 불안이 스멀스멀 올라왔다. 넓은 업무영역을 경험할 수 있고 보다 안정적인 재무 구조를 갖춘 회사로 이직했지만 그 곳에서도 불안은 계속되었다. IT 회사가 아니었기에 실적 만드는 부서와 비교하게 되었고, 기술은 정체되는 것 같아 불안했다. 불안을 극복하고자 실력을 검증받기 위해 다양한 자격증을 취득하였다. 압박에서 벗어나기 위해 운동도 꾸준히 했다. 출장지에서도 런닝화를 가지고 갔으며 새벽 공기를 마시며 런닝을 하면서 마음의 안정을 찾으려고 노력했다.

그리고 몇년 후 더 나은 기회와 도전 경험과 실력을 키우기 위해 IT 스타트업으로 이직했다. 이번에는 더 높은 직급과 넓은 권한을 갖고 다양한 업무를 경험하며 배움과 도전의 즐거움을 느낄 수 있었다. 하지만 생각과 다르게 성과는 잘 나오지 않았고 점점 내가 '제대로 하고 있는 것인가'에 대한 의문이 깊어졌다. 성과가 부족하다는 사실은 곧 물질적 불안으로 이어졌고 내가 선택한 길에 대한 책임감과 인정받을 수 없다는 불확실성이 마음을 짓눌렀다. 그 시점에 MBA를 선택했다. 보다 나은 성과를 위해 성장이 필요했고, 이는 불안을 줄이기 위한 선택이였다. 돌이켜 보면 기업의 규모가 크든 작든 어떤 역할을 맡고 있든지 간에 불안은 항상 곁에 있었고, 이를 극복하면서 지금까지 성장해왔다. 따라서 우리에게 필요한 건 그 불안에 짓눌리는 것이 아니라 그 안에서 '살아남을 수 있는 나만의 방법'을 찾고 노력하는 것이다. 많은 직장인이 자기개발과 운동을 하는 이유 역시 항상 곁에 있는 불안을 줄이기 위해서 일 것이다. 직장인을 대상으로 실시한 2023, 2024년 각각의 조사에 따르면 약 73%가 운동을 하고 있으며 75%는 자개개발을 하고 있다.

2) 불안을 줄이기 위한 행동들 – 자기개발, 운동 그리고 대화

새해가 밝아오면 많은 직장인이 자연스럽게 '자기개발'을 목표로 삼는다. 조직에서 더 나은 성과를 내고 업무적으로 성장함으로써 스스로의 불안을 조금이나마 줄이기 위한 다짐이다. 나 역시 매년 1월 1일 오후가 되면 가족과 함께 모여 각자 새해 목표를 적고 공유하는 시간을 가지곤 했다. 목표 리스트에는 항상 빠지지 않고 '영어, 독서, 운동, 여행, 자격증 등'이 있었다. 그리고 목표를 실천하고자 노력했다. 하지만 연말까지 꾸준히 이어지는 경우는 드물다. 계획은 구체적으로 세웠지만 '자신과의 약속'은 생각보다 지키기 어렵다. 결국 '내년엔 꼭 하자'는 다짐만 반복하게 된다. 하지만 MBA 진학은 단순한 다짐을 넘어 스스로에게 강제성을 부여하는 실천의 계기가 된다. 전문 지식 습득과 학위 취득이라는 구체적 목표 아래 몰입하는 경험은, 많은 이들이 반복적인 루틴을 벗어나 새로운 전환점을 만들어 내는 과정이기도 하다.

운동 역시 직장인이 자주 도전하는 자기개발 중 하나다. 최근 '러닝, 골프, 테니스, 요가, 필라테스, 발레, 폴댄스 등' 다양한 운동을 취미로 삼는 이들이 많아졌다. 운동을 통해 몰입의 즐거움을 느끼고 그 안에서 성장하는 자신을 보며 불안을 잠시나마 떨쳐낸다. 그러나 현실은 녹록지 않다. 바쁜 업무 속에 정기적으로 모임에 참여하는 건 쉽지 않다. 불참이 반복되면 소외감을 느끼게 되고 그 자체로 또 다른 스트레스를 낳는다. MBA에서 활동했던 체육 동아리는 달랐다. 모두가 바쁨을 이해하고 언제든지 참여할 수 있는 분위기를 만들어 주었기에 다양한 활동을 시도할 수 있었다. 운동은 단지 신체적인 생존율을 높이는데 그치지 않는다. 자신감과 성취감을 주고 정서적인 안정까지 주어 직장에서 심리적 생존률 또한 높여준다. 운동은 불안을 낮추는 데 실제로 효과적인 방법이다.

또 하나의 중요한 방법은 대화와 공감이다. 불안을 효과적으로 줄이기 위해서는 누구와 대화하느냐도 중요하다. 동료나 지인과의 대화는 효과적이지만 한계가 있다. 직장 동료에게는 진솔한 고민을 털어놓기 어려운 경우가 많고 주변 지인은 직장 분위기나 산업의 특수성 등 나의 복잡한 상황을 완전히 이해하기 힘들다. 이런 이유로 정서적 지지와 이해가 필요하지만 마땅한 대화 상대를 찾지 못하는 사람들이 많다. MBA는 그런 면에서 특별한 공간이다. 나이도, 직무도, 산업도, 각자의 인생 여정이 다양한 사람들이 모인 집단이다. 여러 사람 속에서 동일한 산업이나 규모, 직군 등 나의 상황을 이해해줄 사람들을 만날 수 있다. 무엇보다 업무적인 이해관계 없이 진솔한 대화가 가능했기에 서로의 경험을 나누고 조언을 주고받으며 정서적인 위로를 얻을 수 있다. 그리고 MBA에는 인생의 여러 결정을 도와줄 멘토가 있다. 멘토는 커리어뿐만 아니라 인생의 다양한 결정을 도와주고 방향을 제시한다. MBA에는 가고 싶은 회사의 선배이거나 희망하는 직무를 미리 경험한 전문가 그리고 인생을 다채롭게 먼저 경험한 선배가 있다. MBA 과정은 다양한 분야의 동료들과 교류하며 시야를 넓히는 기회를 제공한다. 같은 배경을 가진 이들과 공감대를 형성하고, 다른 전문 분야의 경험을 가진 사람들과 대화하며 실질적인 조언과 인사이트를 얻을 수 있다. 졸업 이후에도 이 네트워크는 서로의 고민을 나누고 결정을 함께 모색하는 든든한 기반이 된다.

2. 위기를 극복하는 성장

"전례 없는 위기," "위기 경영" 연말이나 연초가 되면 경영진에게서 자주 듣는 말이다. 하지만 곰곰이 생각해보면 회사는 단 한 번도

위기가 아니었던 적이 없었던 것 같다. 어쩌면 계속해서 위기인 것이 기업의 본질일지도 모른다. 기업은 이익을 추구하는 집단이다. 그리고 이익을 내려면 시장의 변화에 맞춰 끊임없이 도전하고 변화해야 한다. 시장은 하루가 다르게 변화하고 있으며 과거와 똑같이 행동하는 것은 곧 위기로 이어진다. 그래서 기업은 구성원들에게 끊임없이 위기를 돌파하라고 주문한다. 고객과 시장의 변화에 맞춰 무기를 갖추지 못하면 조직 내에서 도태될 가능성이 크다. 이러한 상황은 불안을 증폭시킨다.

재레드 다이아몬드는 그의 저서 「대변동: 위기, 선택, 변화」에서 흥미로운 통찰을 전한다. 그는 개인이 위기를 마주하고 극복하는 과정은 국가나 사회가 위기를 대하는 방식과 본질적으로 같다고 말한다. 다이아몬드는 위기를 극복하기 위한 핵심으로 다음 세 가지를 강조한다. '위기의 순간에 변화를 수용하는 능력', '새로운 환경에 대한 적응력', '자신의 정체성과 지지 네트워크의 활용'으로 위기를 극복하는 데 필요한 것은 단순한 운이나 외부 환경이 아니다. 위기를 정확히 인식하고 능동적으로 변화에 대응하며 자신에 대한 명확한 인식과 사람들과 연대하는 힘이 필요하다. 이러한 다이아몬드의 위기 극복에 관한 관점은 직장인이 불안을 마주할 때도 유용하게 사용할 수 있다. 불안은 결국 변화의 신호이고 위기의 전조이다. 그러므로 불안을 두려워하지 않고 자기개발과 성장의 원동력으로 만들어야 한다. 자기개발을 통해 적극적으로 변화를 수용하여 새로운 환경을 이해해야 한다. 변화를 배우고 성장하면서 이를 돌파할 무기를 갖춰나간다면 우리는 위기를 이겨낼 수 있고 그 과정에서 불안 역시 자연스럽게 줄어들게 된다.

1) AI 시대, 불안은 더욱 커지고 있다

최근 시장 변화 중 가장 커다란 변화를 하나만 꼽으라면, 단연 'AI'(인공지능)일 것이다. 다가오는 AI 시대는 그 모습을 구체적으로 상상하기조차 어려운 만큼 많은 대한민국 직장인이 불안을 느끼고 있다. 한국보건사회연구원의 정세정, 신영규 부연구위원이 10개 국 시민을 대상으로 조사하여 발표한 보고서[2]에 따르면, 전체 응답자의 35%가 "AI로 인해 업무에 위협을 받을 수 있다"고 응답했으며 한국은 디지털 기술 숙련도에 대한 자신감이 56.9%로 10개 국 중 가장 낮았다. 이는 한국 사회가 AI 시대에 대한 기대감은 높지만 준비가 덜 되어 있다는 불안감 또한 크다는 것을 시사한다. 이처럼 높아지는 AI 불안에 대응하기 위해 지금 우리에게는 체계적인 자기개발 전략이 필요하다. 그리고 MBA 과정은 매우 유의미한 자기개발 전략이다. AI 시대를 대비하기 위한 역량과 MBA 전략을 4가지로 나누어 보았다.

첫째, AI 활용 역량을 강화해야 한다. AI를 위협으로 느끼는 것이 아니라 활용할 수 있는 도구로 만드는 것이 중요하다. 2022년 맥킨지 보고서에 따르면 '데이터가 모든 의사결정의 근거가 되며 상호작용, 프로세스에 내재된 데이터 중심 기업이 2025년까지 경쟁 우위를 점할 것으로 전망'하였고 이는 점차 사실화 되어가고 있다.[3] 따라서 업무에 AI를 효과적으로 접목하고 데이터를 분석하거나 결과를 해석하는 능력을 갖추는 것이 필요하다. MBA에서는 다양한 산업과 직무, 고객 관점에서 문제를 바라보는 훈련을 통해 데이터에 대하여 단편적으로 해석하는 것이 아닌 다양한 관점에서 융합적으로 해석하고 적용하는 능력을 키울 수 있다.

둘째, 창의적 문제 해결 능력을 개발해야 한다. AI는 정형화된 문제에는 강하지만 창의성과 복잡한 맥락이 필요한 문제에는 한계가 있다. 세계경제포럼의 '2023년 일자리의 미래 보고서'에 따르면 '분석적 사고와 창의적 사고가 2023년에 가장 중요한 기술로 꼽히며, 이러한 추세는 향후 5년간 지속될 것으로 예상'하였고[4] 이는 AI 시대에 반드시 필요한 역량이다. MBA는 전 세계 여러 기업이 겪는 다양한 사례와 결과를 분석하면서 창의적 사고, 비판적 사고, 전략적 사고를 중점적으로 훈련하는 과정이다. 이를 통해 AI가 대체할 수 없는 역량을 기를 수 있다.

셋째, 대인관계 및 협업 역량 강화이다. 기술이 아무리 발전해도 사람 간의 소통과 공감, 협력은 여전히 중요하다. 한국은행의 '노동시장에서 사회적 능력의 중요성 증가' 보고서에 따르면, '인간의 협동과 공감능력이 AI나 자동화 기술로 대체하기 어렵다'라고 하였다.[5] MBA에서는 팀 프로젝트, 협업 워크숍, 멘토링 등의 활동을 통해 자연스럽게 리더십, 공감 능력, 커뮤니케이션 스킬을 높일 수 있다. 기술이 아닌 '사람'으로서 차별화되는 경쟁력을 키우는 것이다.

넷째, 끊임없이 배우는 학습 습관이다. AI 시대는 하루가 다르게 변화한다. 오늘의 지식이 내일은 무용지물이 될 수도 있다. 따라서 불안을 줄이기 위해서는 지속적인 학습 습관이 무엇보다 중요하다. 이는 PwC의 '2024년 글로벌 워크포스 희망과 두려움 설문조사'에서도 나타나는데, 직원들은 '변화에 대비한 기술 개발과 직원 경험을 향상시키는 것이 중요하다'고 응답하였다.[6] MBA는 졸업 후에도 다양한 분야의 전문가들과 함께하는 온·오프라인 강의와 세미나가 이어지고 있다. 연세 MBA 포럼이나 학교별 네트워크 프로그램 등을 통해 지속적으로 배우고 현업에서 발생하는 고민을 공유하며 변화에 적응할 수 있다.

오늘날 산업은 융합되고 AI는 빠르게 업무 환경을 바꾸고 있다. 이러한 시대에 불안을 줄이고 살아남기 위해 필요한 것은 단편적인 스킬이 아닌 종합적인 시각과 지속 가능한 성장 전략이다. 그런 의

미에서 MBA는 단순한 학위 과정이 아니라 AI 시대를 살아가기 위한 생존 전략이 될 수 있다.

2) 자기개발의 총합, MBA

왜 자기개발을 위해 MBA를 선택해야 할까? 그 답은 기업을 바라보면 명확해진다. 기업은 경영을 통해 수익을 창출한다. CEO부터 말단 직원까지 모두가 결국 '경영'이라는 행위를 완성하기 위해 존재하는 셈이다. 그렇다면 우리는 각자의 업무가 기업 경영의 어떤 부분과 연결되어 있는지 왜 이 일을 해야 하는지를 이해할 때 비로소 더 잘할 수 있고 더 효과적으로 일할 수 있다. 예를 들어 IT 산업에서 개발자는 제품을 만들고 서비스 품질을 유지하는 역할을 한다. 그렇다면 잘 만든 제품이란 무엇이며 어떤 기능의 성능을 먼저 높여야 하는 걸까? 이 모든 것은 경영학적 판단에 따라 달라진다. 물론 이를 판단하는 전담 부서나 경영자가 있을 수 있지만 조직의 큰 맥락과 전략을 이해하고 개발하는 것과 그렇지 않은 것은 큰 차이가 있다. 조직 안에서 살아남고 성장하기 위해서는 경영의 언어와 원리를 이해해야 한다. 경영자, 마케팅 담당자, 영업, 생산, 개발 이들의 공통점은 모두 경영이라는 목적 아래 움직인다는 점이다. 따라서 경영지식은 단순한 학문이 아니라 조직 간 원활한 소통과 협력의 언어이며 성과를 만들어 내기 위한 기초 체력과 같다.

MBA에는 수업 외에도 다양한 활동이 많은데 모두 적극적으로 참여한다. 고가의 등록금과 한정된 시간 속에서 공부하는 만큼 일반적인 학교에서 쉽게 보기 어려운 열정적이고 자기 주도적인 사람들이 모여 있다. 함께 과제하고 발표 준비를 하면서 많은 이야기를 나누고 각자의 의견을 치열하게 주고받는다. 팀 과제에서 프리라이더는 거의 존재하지 않는다. 오히려 너무 적극적인 의견들이 모이다 보니 의견 조율이 쉽지 않을 때가 많다. 이는 사회적 경험이 풍부하고 자기개발에 진심인 사람들이 모여 있다는 증거이기도 하다. 이러한 활동은 회사의 실적 발표, 간담회, 경쟁 프레젠테이션 등 실제 업무 상황에서도 큰 도움이 된다. 수업에서 다루는 전략, CRM, 인사관리 등의 과제들은 업무에 바로 적용 가능한 내용들이며 실제 회사 문제를 해결하는 데 직접적인 인사이트를 제공하기도 한다. 또한 학생이라는 신분으로 다양한 경영 관련 대회에도 도전할 수 있다. MBA 학생만을 위한 경영사례분석대회부터 전국 단위 창업경진대회, 유니버시아드 등 대회에 참여하고 준비하면서 팀워크, 문제해결력, 발표 경험을 동시에 쌓을 수 있다.

MBA는 단지 공부만 하는 공간이 아니다. 짧고 바쁜 학업 기간 속에서도 다양한 동호회와 취미 활동이 활발히 이루어진다. 러닝, 골프, 투자, 음악 등 분야도 다양하며, 서로의 바쁜 일상을 이해하고 지지해주는 사람들과의 모임은 심리적 안정에도 도움이 된다. 이러한 관계는 졸업 후에도 이어진다. 취미를 함께 즐기는 것을 넘어 취미를 매개로 모여 지식을 공유하고 서로의 커리어를 응원하는 지속 가능한 네트워크로 발전한다. 누구보다 관계에 적극적인 사람들이기에 부담 없이 참여할 수 있는 열린 분위기가 유지된다. 지식, 경험, 관계, 성장 그리고 지속적인 배움의 습관까지 직장인의 불안을 줄이고 생존 가능성을 높이는 전략적 선택으로 MBA는 여전히 유효하다.

3) 지피지기로 목표를 달성하자

MBA를 통해 목표를 달성하고 사회에서 성공을 이끌어낸 사례는 많이 있다. 성공의 기준은 사람마다 다르겠지만, 몇 가지 대표적인 예시는 분명한 영감을 준다. 예를 들어 나이키의 창업자 필 나이트(Phil Knight)는 스탠퍼드 MBA 과정 중 '운동화 브랜드 사업' 아이디어를 구체화하며 나이키의 시작을 열었다. 워비파커(Warby Parker)는 펜실베니아대학교 와튼스쿨(Wharton School) MBA 프로그램에서 만난 네 명의 창업자들이 비효율적인 안경 시장의 문제를 해결하겠다는 아이디어로 시작한 브랜드다. 그들은 MBA 수업 중 산업 구조를 분석하고 합리적인 가격에 스타일리시한 안경을 제공하는 모델을 만들었고 이후 전 세계적인 성공을 거두었다. 국내의 경우 고려대학교 MBA를 수료한 강인희 대표는 인터뷰를 통해 MBA를 통해 얻은 전략적 사고와 산업 경험, 인적 네트워크를 바탕으로 자신만의 차별화된 사업 모델을 구축했고, MBA가 경력 성장뿐 아니라 창업의 발판이 되었다고 강조했다.[7]

MBA는 창업뿐 아니라, 커리어 전환, 이직, 승진, 효율화, 매출 증가, 고객 유입 등 다양한 목표의 달성에 큰 도움이 된다. MBA에는 직장인뿐만 아니라 의사, 간호사, 회계사, 교사, 변호사 등 전문 분야에 종사하는 사람들도 각자의 목표를 달성하기 위해 공부하고 있다. 목표를 위해 조직을 운영하고 비용을 절감하며 사람을 관리하고 마케팅을 실행하는 역량을 키운다. 경영은 어느 누구에게나 필요한 언어이자 기술이기 때문이다. MBA는 단순한 학위가 아니다. 목표를 달성하거나 그 목표에 다가가는 방법을 알려주는 경험의 총합이다. 책의 여러 챕터에서 MBA를 통해 배우는 것과 그 미래가치를 이야기할 것이다. 손자병법의 유명한 말 지피지기면 백전불태(知彼知己 百戰不殆)는 직장 생활에서도 유효하다. MBA는 '상대' 즉 목표를 이해하는 동시에 '나'를 이해할 수 있다. 문제를 해결하는 데 필요한 역량과 나에게 부족한 부분 그리고 전문가들을 통해 이를 보충하는 방법 등 목표를 향해 한 걸음 더 나아갈 수 있는 힘을 얻는다.

당연하게도 MBA가 성공이라는 결과를 보장하지는 않는다. 나의 경우 개발자에서 서비스 총괄로 역할을 변경하였을 때 많은 시행착오를 겪었다. IT개발자로 단순한 기술 구현을 넘어 고객의 삶에 도움이 되는 서비스를 만들고 싶다는 목표가 있었던 차에 운이 좋게 서비스 총괄의 역할을 맡게 되었다. 스타트업에서 조직의 장으로 전략, 마케팅, 영업 등 제품과 관련된 모든 업무를 담당하게 되었고, 서비스의 성과를 올리기 위해 MBA 입학을 선택하였다. 경영 전반에 대한 지식을 체계적으로 배우며 업무에 적용하고자 노력했다. 타겟을 명확히 하고 제품을 차별화하며 서비스를 운영하였다. 배움과 적용을 반복하며 시장과 제품에 대한 시각을 갖을 수 있었지만 성과는 기대만큼 오르지 않았다. 플랫폼 서비스의 특성상 가맹점과 최종 고객을 동시에 확보하기 위해 각각 마케팅을 펼쳐야 했다. 하지만 예산의 제약으로 사용 가능한 마케팅 수단은 한계가 있었고, 직접 발로 뛰며 고객을 찾아 갔지만 결과는 좋지 못하였다. 모바일 쿠폰사나 VAN사와 제휴나 여러 노력에도 불구하고 성장을 위한 속도와 규모에 도달하지 못했다. 결국 실패를 받아들여야 했지만 MBA와 함께 노력한 과정은 소중한 경험이었다. MBA는 목표 달성을 위해 필요한 부분을 알려주었고 나의 장점과 단점, 부족한 부분과 이를 보충하는 방법을 알려주었다. MBA가 알려준 지피지기는 다음 목표를 달성하는데 많은 도움을 줄 것이다.

3. 미래를 만드는 기회

인생이라는 여행 속에서 우리는 여러 번의 기회를 마주한다. 하지만 기회는 무작정 기다린다고 오는 것도 아니고 누구나 기회를 잡을 수 있는 것도 아니다. 기회는 스스로 찾고 준비하고 선택하고 실행해야 내 것이 된다. 기회는 준비된 자의 몫이다. 자기개발은 직장에서 생존력을 높이고 불안을 줄이기 위한 노력이다. 생존률을 높이려면 좋은 자리를 선점해야 한다. 좋은 자리는 곧 기회다. 기회는 회사 내부적으로는 조직 개편, TF, 신규 사업과 같은 형태로 다가온다. 외부적으로는 이직, 창업, 직무변경, 투자 등의 모습으로 다가온다. 중요한 건 기회를 알아보는 눈이다. 기회는 늘 있다. 다만 보지 못하면 지나간다. 준비가 되어 있어야 기회가 보이고 찾으러 갈 수 있다. 또한 기회를 잡고 실행해야 결과가 생긴다. 그렇기에 기회는 움직이는 사람에게 온다. 멈춰 있는 사람에게는 오지 않는다. 좋은 기회는 어떻게 알아볼 수 있을까? 그리고 어떻게 준비해야 잡을 수 있을까?

1) 이직의 기회

원하는 기업으로 이직하려면 먼저 기업이 원하는 인재에 대해 알고 준비해야 한다. 기업마다 고유의 인재상이 있지만 공통적으로 선호하는 역량이 있다. 2023년 대한상공회의소에서 발표한 100대 기업 인재상 조사에 따르면, 기업은 '책임의식'(67%), '도전정신'(66%), '소통·협력'(64%) 역량을 가진 인재를 선호한다고 한다.[8] 과거에는 '창의력'이 가장 중요한 역량으로 여겨졌지만 최근 Z세대가 채용 시장의 중심에 서면서 책임감 있는 인재에 대한 수요가 더 커지고 있다. 따라서 앞으로 원하는 기업에 이직하려면, '책임감·도전정신·소통' 능력을 갖추고 이를 증명할 수 있어야 한다.

MBA는 이 세 가지 역량을 키우고 증명할 수 있는 최적의 수단이다. 학위를 취득하려면 2년간 꾸준히 야간 수업을 듣고 과제를 수행해야 한다. 이 과정은 그 자체로 도전이며 책임감 없이는 완주할 수 없다. 또한 팀 프로젝트와 발표가 많기 때문에 소통 능력은 필수다. 따라서 학업에 참여함으로써 세 가지 능력을 키우고 면접에서 근거로 제시할 수 있다. 세 가지 역량은 글로벌 기업이 요구하는 역량과도 일맥상통한다. 맥킨지의 글로벌 인재역량 보고서에 따르면 인재가 가져야 할 주요 역량으로 지적 유연성·자기주도성·감정지능·적응력을 강조한다.[9] 하버드 비즈니스 리뷰의 아티클을 보면 기업 경영진들이 꼽은 핵심 소프트 스킬은 '리더십(문제 해결력)·커뮤니케이션·협업'이다.[10] 여기서 제시된 역량을 종합해 보면 글로벌 기업이 원하는 인재는 '주도적으로 문제를 해결하는 사람'이다. 누가 시키지 않아도 스스로 목표를 세우고 문제 해결을 위해 적극적으로 움직이며 관련 부서와 소통하고 협의하며 책임감을 가지고 끝까지 답을 찾아내는 사람이다. 원하는 직장으로 이직하기 위해서는 앞서 말한 '책임감·도전정신·소통' 역량을 갖추어야 한다. 그리고 이 3가지 역량은 MBA에서 충분히 준비할 수 있다.

기술도 문화도 빠르게 변화하기에 기업이 원하는 인재상도 이에 발맞추어 빠르고 지속적으로 변화한다. MBA 역시 실무 경영학의 최전선에서 기업의 니즈에 맞게 함께 변화하고 있다. 산업의 트렌드에 맞춘 커리큘럼을 제공하고 실무 중심의 수업과 프로젝트 또는 과제를 통해 산업에 관련한 역량을 기를 수 있게 한다. 팀 단위의 과제와 수업을 진행하면서 소프트 스킬도 함께 성장한다. 일과 학습을 병행하는 과정에서 팀 단위의 과제나 프로젝트에는 산업역량 못지않게 리더십, 소통과 토론, 일정관리와 같은 소프트 스킬이 매우 중요하기 때문이다. MBA의 환경은 변화하는 인재상에 발맞추어 준비하기에 적합하다. 현재 MBA 과정에서 무엇을 배우는지는 책의 5, 6장 전반에서 자세히 소개된다. 이를 참고하여 본인의 상황에 맞는 MBA를 선택하면 효과적으로 성장할 수 있다. 물론 당연하게도 반드시 MBA일 필요는 없다. 어떤 방법이든 기업이 필요로 하는 인재가 되기 위해 노력할 수 있다. 기업과 시장의 변화에 맞게 기술이나 학력만 뛰어난 사람이 아닌 '상황을 빠르게 파악할 수 있는 사람', '능동적으로 문제를 해결하는 사람', '팀과 원활히 소통하고 협업할 수 있는 사람', '배움을 멈추지 않고, 열정과 긍정의 태도를 유지하는 사람'이 되야 한다. 준비를 해야 기회를 잡을 수 있고 MBA를 통하면 빠르게 준비할 수 있다.

2) 임원과 창업의 기회

승진을 꿈꾸는 직장인들은 일반적으로 임원을 목표로 한다. 임원은 회사의 방향을 결정하고 중요한 의사결정을 내리는 경영진이다. 책임이 큰만큼 권한도 크고 리스크도 크다. 임원은 정규직이 아닌 임시 계약직인 경우가 많기 때문에 퇴직까지 안정적으로 근무하기를 원하는 사람들은 임원으로 승진하는 것을 꺼리기도 한다. 하지만 '불안'이라는 관점에서 보면 임원이 갖는 책임과 계약직이라는 리스크보다 사회적 인정, 급여 상승, 영향력 확대, 성과의 기회와 같은 기회 요인이 더 크기 때문에 많은 직장인이 여전히 임원을 목표로 삼는다. 임원이 되기 위해서는 반드시 갖추어야 할 것이 있다. 바로 경영지식이다. 임원은 경영에 참여하는 말 그대로 경영진이기 때문이다. 개발팀만 관리하다 서비스 전체를 책임지는 총괄 임원을 수행할 때 경영지식의 부족함을 많이 느꼈다. 공대 출신으로 경영은 책으로만 접해본 수준이었다. 하지만 서비스로 고객을 만족시키고 수익을 창출하기 위해서는 마케팅과 전략 등과 같은 경영학의 이해가 필요했다. 회사 역시 이를 정확히 알고 있다. 경영지식을 보유한 직원을 승진시키는 것이 합리적이다. 여러 경쟁자가 있다면 경영의 원리와 언어를 아는 사람이 선택될 가능성이 높다. MBA가 결정에 영향을 줄 수 있다는 뜻이다. MBA는 재무, 마케팅, 전략, 조직 등 경영의 다양한 영역을 실무 중심으로 배운다. 이와 동시에 내가 갖지 못한 경험과 역량을 지닌 사람들과 함께 토론하며 성장할 수 있다. 필요한 경우 조언을 얻고 협업할 수 있는 네트워크도 생긴다. 내부적인 관리를 위해서도 경영의 언어는 필요하다. 회사는 각 분야의 전문가들이 부서별로 모여 움직이는 조직이다. 임원은 여러 부서와 소통하여야 하며 부서의 역할에 맞게 최적의 결정을 내려야 하기에 경영의 이해와 언어가 필요하다. MBA는 임원이 되기 위한 필수조건은 아니지만 경쟁력 있는 경험이다.

창업을 꿈꾸며 준비하는 직장인도 많다. 지난 몇년 사이 일상의 불편함을 해결하는 아이디어로 시작한 다양한 스타트업들이 성공적으로 시장에 안착하고 크게 성장하였다. 최근 시장상황이 얼어붙긴 하였지만 한때는 스타트업 투자가 활발하였고, 정부차원의 지원제도 역시 다양하게 존재한다. 이러한 상황 때문일까 창업을 꿈꾸는 사람이 많이 늘었다. 하지만 1인 기업일지라도 경영의 A부터 Z까지 모두 필요하다는 것을 알아야 한다. 아이디어 만으로는 기업이 성장할 수 없으며 창업자 혼자 모든 것을 다 알고 일할 수도 없기에 부족한 부분은 전문가의 도움을 받거나 배워서라도 해야 한다. 따라서 창업을 위해서는 아이디어나 실행력 외에도 나를 보충해줄 네트워크가 반드시 필요하다. 제품을 만들고 런칭하고 마케팅하는 제품 라이프 사이클에 필요한 분야별 전문가와 투자, 세무와 같은 재무적인 부분을 도울 수 있는 네트워크가 있어야 한다. 창업은 인생의 방향과 가족의 삶을 바꿀 수 있는 중요한 결정이기에 가능하다면 창업 선배들에게 조언을 구하는 것도 필요하다. MBA는 경영에 필요한 여러 네트워크 기회를 제공한다. 실제 기업의 CEO나 고위 임원, 투자 전문가, 창업을 경험한 원우들을 학교에서 만날 수 있으며 조언을 얻을 수도 있다. 아이디어를 제품으로 만들어주는 IT 전문가, 마케팅과 판매전략을 수행해줄 마케터 등 코파운더를 만나기도 한다. MBA 과정에서는 다양한 분야의 전문가들과 팀을 이루어 과제를 수행하게 된다. 이 과정에서 서로의 부족한 부분을 보완하며 아이디어를 발전시키고, 창업 가능성을 구체화하는 경험을 쌓을 수 있다. 일부 팀은 수업 중에 탄생한 아이디어를 기반으로 경진대회에 참가해 좋은 성과를 내기도 한다. 비록 즉시 창업으로 이어지지는 않더라도, 졸업 이후에도 꾸준히 소통하며 아이템을 다듬고 비즈니스 모델을 발전시키는 경우가 많다. MBA는 각 분야의 시각과 현실적인 조언을 얻을 수 있는 네트워크를 제공하며, 창업의 꿈을 구체화할 수 있는 소중한 기회를 만들어준다.

3) 좋은 기회를 알아보기

우리는 살아가면서 수많은 기회를 마주하게 된다. 이직 제안이 오기도 하고, 조직 개편으로 다른 부서로 이동하게 되거나, 새로운 프로젝트의 리더를 맡게 되는 경우도 있다. 이런 기회는 때로는 위험해 보인다. 하지만 동시에 놓치면 안 될 것 같은 기회처럼 보이기도 한다. 그래서 선택은 항상 불안을 동반한다. 결과에 대한 책임이 온전히 나의 몫이기 때문이다. 문제는 이것이 정말 좋은 기회인지 구별하는 것이 쉽지 않다는 점이다. 좋은 기회를 알아보는 힘은 단순한 '감'이 아니다. 자기 자신을 얼마나 잘 알고 있는지 그리고 기회를 얼마나 구조적으로 해석할 수 있는지에 달려 있다. MBA에서는 이 기회를 해석하는 다양한 방법을 배울 수 있다. 외부적으로 시장 상황을 분석하고, 경영자의 시선으로 바라볼 수 있다. 이를 통해 이직 제안이나 프로젝트가 앞으로 어떤 기회를 줄 수 있을지 판단할 수 있다. 내부적으로는 주변 동료나 선배들과 상담하며 어떤 역량이 필요한지 파악할 수 있다. 그리고 역량이 지금의 나에게 있는지를 확인할 수 있다. 마지막으로는 자기 자신에게 질문해야 한다. "이 기회를 통해 나는 무엇을 배울 수 있는가?," "나의 성장 방향과 연결되어 있는가?" 이러한 질문을 통해 기회의 진짜 가치를 확인할 수 있다. 그리고 준비된 역량이 있다면 그 기회를 붙잡아야 한다. MBA에서 배우는 문제 정의 및 해결 능력은 기회를 평가하고 선택하는 데 직접적인 도움이 된다.

기회나 변화를 마주하면 항상 불안이 따라온다. 하지만 불안의 정체를 구체적으로 정의하면 문제 해결의 방향을 세울 수 있다. 문제를 구조화하면 기회를 잡았을 때 마주할 어려움과 해결책을 미리 생각할 수 있다. 시나리오별 대책을 준비하면서 리스크 관리를 할 수 있고 감정을 배제한 채 이익과 손해를 정량화하면 기회의 가치

MBA에서 배우는 능력	적용 안
문제를 정의하는 능력	문제의 해결을 위해 문제를 명확하게 정의하는 것이 중요하다. 예시) '지금 이직이 불안한가, 아니면 나의 성장이 정체된 것이 불안한가?' '성과가 안 나서 불안한가, 아니면 기대치가 모호해서 불안한가?'
구조화된 사고	복잡한 문제는 MECE(Mutually Exclusive, Collectively Exhaustive)분석을 통해 구체적인 이슈로 분해하여 판단한다. 예시) 이 프로젝트가 두려운 이유를 리더십 경험 부족, 팀워크 불안, 기술 지식 부족 등으로 구분하여 나누어 판단한다.
데이터 기반 의사결정	'느낌'이 아니라 수치와 근거로 판단한다. 예시) "이직해도 괜찮을까?"를 이직 후 연봉 상승률, 성장 기회, 네트워크 확장 가능성 등을 정량적으로 분석하여 판단한다.
시나리오 플래닝	최악을 상상하되 멈추지 않고 A, B, C계획을 세워 불확실성에 대비한다. 예시) 이 기회를 잡았을 때 실패할 수도 있다는 불안이 들 때, 성공 시 시나리오, 실패 시 리스크와 대비책, 현재 유지 시 손실을 비교하여 선택
나만의 커리어전략	기업 전략을 통해 '나라는 브랜드'의 전략을 세운다. 나의 방향이 명확하며 기회도, 위기도 모두 전략적 판단의 변수가 된다.

를 계산할 수 있다. 좋은 기회란 다음과 같은 조건을 만족해야 한다. '가치가 높아야 한다.' '해결 가능한 과제가 있어야 한다.' '나의 브랜드 전략과 방향에 부합해야 한다.' MBA에서 배우는 지식과 경험은 기회의 분석을 가능하게 한다. 삶에서 마주하는 많은 기회가 과연 나에게 '좋은 기회'인지 판단할 수 있는 힘을 준다. 말콤 글래드웰은 아웃라이어(Outliers)에서 '성공은 개인의 능력이나 노력뿐만 아니라 기회를 알아보고 활용하는 능력과 깊은 연관이 있다'라고 기술한다. 성공한 사람들에겐 특별한 기회가 있었고 그들은 그것을 인식하고 적극적으로 활용했다는 것이다. 본인의 브랜드 방향을 결정하고 준비하는 것과 좋은 기회를 알아보는 것이 성공과 밀접한 관계가 있다. 우리도 MBA를 통해 기회를 인식하고 준비하며 적절히 활용할 수 있는 힘을 기를 수 있다.

4. 나를 완성하는 관계

'사람은 사회적 동물이다'(Man is by nature a social animal). 아리스토텔레스는 정치학(Politics)에서 인간은 혼자서는 완전할 수 없으며, 타인과 관계를 맺고 공동체를 이루며 살아갈 때 비로소 인간답게 살아갈 수 있다고 보았다. 나는 '사람은 관계의 동물이다'라고 해석한다. 사람은 누군가가 내 문제를 직접 해결해주지 않더라도 들어주고 공감해주는 것만으로도 큰 위안이 된다. 사회에서 겪는 불안을 낮춰주는 데 가장 큰 역할을 하는 존재는 함께하는 사람이다. 집에는 가족이 있다. 회사는 동료가 있다. 그리고 학교에는 함께 공부하는 학생들이 있다. 특히 MBA에서 만나는 원우들은 가족이나 회사 동료와는 다른 방식으로 우리를 위로하고 지지해준다. 같은 목표를 향해 달리고 비슷한 고민을 안고 있으며 함께 성장하고자 하는 사람이다. 불확실성이 가득한 세상에서 불안을 느낄 때 내 상황과 감정을 이해하고 공감해줄 사람이 곁에 있다면 그 자체로 큰 힘이 된다. 그들과의 대화 속에서 불안은 줄어들고 다시 한번 도전할 수 있는 용기와 에너지가 생겨난다. 좋은 관계는 나를 지탱해주는 기반이 된다. 그리고 관계 속에서 나는 완성되어 간다.

1) 사회에서 만나는 친구

사회에서 맺어지는 사람과의 관계는 참으로 오묘하다. 같은 직장에서 함께 일하는 동료는 한배를 타고 같은 목표로 향하는 사람으로 강한 동질감을 느낄 수 있다. 함께 고난을 겪고 식사도 자주하며 회식 자리도 많이 가진다. 때로는 가족보다 더 많은 시간을 함께 보낸다. 하지만 그럼에도 불구하고 친한 친구처럼 다가가 모든 것을 이야기하기에는 어려움이 있다. 대부분의 직장 동료는 퇴근 후 연락이 어렵고 개인적인 고민을 털어놓기에는 어딘가 부담스럽다. 물론 예외는 있다. 평생 친구처럼 지낼 수 있는 직장 동료를 만나기도 한다. 나 역시 신입사원 시절의 동기는 자주 보지 않아도 늘 반갑고 편한 친구다. 하지만 대부분의 관계는 그렇지 않다. 가깝게 지내지만 마음 속 모든 이야기와 개인 사정을 공유하기에는 일정한 선이 있다. 직급이 올라갈수록 동료보다는 팀원이 많아지고 직급 차이만큼 할 수 없는 이야기도 많아진다. 당연히 주말이나 휴일엔 연락할 수 없으며 심리적인 거리도 생긴다. 점점 개인적인 고민을 이야기할 사람이 사라진다. '직급이 올라갈수록 외로워진다'는 말은 괜한 이야기가 아니다. 그래서 많은 사람들이 시간이 흐를수록 동창회를 찾는지도 모른다. 회사의 틀을 벗어나 마음 편히 이야기할 사람이 필요한 것이다.

MBA는 이러한 갑갑함을 풀어주는 공간이 된다. 이 곳에서 고민을 털어놓을 수 있는 형님을 만났고, 같은 업계의 고충을 이해해주는 동생을 만났다. 고민이 있을 땐 방향을 잡아주는 멘토가 있었고 나 역시 다른 원우에게 조언을 해주기도 하였다. MBA 동기들은 이해관계가 없다. 학생이라는 신분으로 만나기에 솔직한 대화가 가능하다. 수업이 끝나면 자연스럽게 술자리로 이어지고 그 자리에서 더 깊은 더 사적인 이야기를 나누게 된다. 비슷한 직급과 비슷한 업계 그리고 비슷한 고민을 가진 사람들이 서로의 아픔과 어려움에 대해 듣고 조언하며 위로한다. 나이는 많지만 학생의 마음으로 앞으로의 계획과 미래의 목표를 공유하고 삶의 과정 속에 겪었던 즐겁고 슬픈 순간을 이야기하며 공감한다. MBA가 주는 또 다른 매력이다. 주경야독의 생활을 함께하며 동지애가 생기면서 나이를 불문하고 친구 같은 관계로 이어진다.

MBA 과정은 개인의 커리어뿐만 아니라 가족과의 관계에도 긍정적인 영향을 미칠 수 있다. 학업과 과제를 병행하면서 아이와 함께 공부하는 시간을 갖거나, 다양한 소모임을 통해 가족 단위의 활동을 경험하는 경우도 많다. 특히 소규모 등산, 야외 활동 등의 프로그램은 학습과 관계 형성이라는 두 가지 가치를 동시에 충족시킨다. MBA는 단순히 학문을 쌓는 공간을 넘어, 사람과 삶을 함께 이야기하고 관계를 확장하는 경험의 장이 된다.

2) 멘토를 만나다

MBA에서 만나는 사람들에게는 공통점이 있다. 바로 열정이 넘친다는 것이다. 자기개발에 대한 욕구가 크고 실행력을 가진 사람들이 모이다 보니 자연스럽게 열정적인 분위기가 만들어진다. 열정은 팀 과제에서도 나타난다. 앞서 말한 것처럼 프리라이더가 거의 없다. 일반 조직보다 비율이 현저히 낮으며 과제 외적인 부분이라도 적극적으로 도우려고 한다. 서로 도우며 함께 고민하고 진지하게 임하는 분위기 속에서 강한 팀워크가 형성된다. 강한 팀워크는 개인적인 호감과 인연으로 이어져 졸업 후에도 지속적으로 만나는 경우가 많다. 열정적인 모습이 신뢰와 자극을 동시에 주고 시너지를 만들 때문이다. MBA 과정은 다양한 분야에서 삶을 지혜롭게 헤쳐온 동료들을 만날 수 있는 기회를 제공한다. 함께 학업과 경험을 나누다 보면, 자연스럽게 서로에게 배우고 존경심을 느끼게 된다. 논어에 '삼인행 필유아사'(三人行 必有我師)라는 말이 있듯, MBA에서는 다양한 열정과 경력을 가진 원우들 속에서 인생의 멘토를 만날 가능성도 높다.

멘토는 단지 직장 생활이나 커리어에 국한되지 않는다. 가정과 육아, 개인의 행복 등 삶의 다양한 영역에서 나에게 길잡이가 되어주는 존재다. 인생은 끊임없는 선택의 연속이다. 선택의 순간마다 먼저 경험한 멘토가 옆에 있다면 더 현명한 결정을 할 수 있다. 내가 MBA 입학을 결심한 계기는 회사 대표의 조언이었다. MBA에 처음 관심을 가졌던 건 10년 전이었다. 여러 학교의 입학 설명회를 다녔지만 입학은 하지 않기로 결정했다. 등록금은 비싸고 시간도 많이 필요하지만 얻을 수 있는 것이 많아 보이지 않았기 때문이다. 이후 사업부를 총괄하며 경영 지식의 필요성을 느껴 MBA에 대해 다시 고민했다. 투자 대비 실익이 부족할 것을 걱정하였다. MBA를 경험한 대표와 대화하면서 경영지식 이상의 가치에 대해 들었다. 분야별 전문가의 살아있는 경험과 당면한 문제를 상의할 수 있는 환경 그리고 함께 고민할 수 있는 사람들에 대한 이야기를 들었다. MBA를 시작하는 이유로 충분했다. 그리고 졸업한 지금 당시 기대했던 것보다 훨씬 더 많은 것을 얻었다. 이 책이 나오게 된 이유도 아마 그 많은 경험 덕분일 것이다.

멘토는 나의 결정에 영향을 준다. 올바른 선택을 할 수 있도록 도와주며 힘든 순간을 버틸 수 있는 힘이 되어준다. MBA를 시작하기

전에는 사실 멘토가 거의 없었다. 대부분 혼자 고민하고 결정했다. 가족, 동료, 친구와 상의하였지만 우리의 경험은 제한적이었다. 서로 비슷한 고민을 했었기에 많은 위로를 주었지만 현실적으로 도움이 되는 경험을 얻기에는 부족했다. 우리에게는 똑똑한 사람이 아니라 올바른 판단을 도와주는 경험자가 필요하다. 멘토란 먼저 경험한 사람이라고 정의하고 싶다. 경험을 통해 인사이트를 갖고 다양한 상황에 맞게 지혜롭게 판단할 수 있는 사람이다. 멘토의 역할과 종류는 다음과 같이 정의할 수 있다. 경험을 통한 지혜를 나누는 삶의 멘토, 네트워크를 확장시키고, 기회를 제공하는 네트워크 멘토, 어려운 시기에 심리적 안정과 동기부여를 주는 정신적 멘토, 직장 생활과 커리어에 도움을 주는 커리어 멘토이다. 멘토는 한 사람일 필요가 없으며 여러 명의 멘토를 두는 것이 더 좋다. 각 분야에서 도움을 받을 수 있고 선택에 필요한 다양한 관점을 얻을 수 있기 때문이다. MBA는 많은 관계를 제공하여 멘토에게 조언을 얻거나 멘토가 될 수 있는 기회를 준다. 사회와 일상에서 겪은 경험을 바탕으로 다양한 방면의 등불이 되어줄 수 있다. 당신도 삶의 경험을 나누어주는 누군가의 멘토가 되길 바란다.

종류	역할	MBA에서 만날 수 있는 멘토
삶의 멘토	가치관, 인생, 자녀교육, 육아 조언	인생(자녀교육) 선배, 교사, 입시 전문가
정신적 멘토	정서적 지지, 심리적 안정	직무/직급 경험자, 인생 선배, 상담전문가
네트워크 멘토	인맥 및 기회 연결	업계 리더, 투자자, 영업/마케팅 전문가
커리어 멘토	승진, 연봉협상, 이직, 업무, 조직관리, 창업, 멘토	업계 리더나 실무자, HR 전문가, 대표/임원, 전문직 종사자(세무, 법률, 의료 등)

3) 불안을 줄이는 관계

불확실한 시대와 치열한 경쟁 그리고 빠르게 다가오는 미래 속에서 우리는 불안에 빠져든다. 앞서 우리는 불안의 원인을 알랭 드 보통의 저서 「불안」에서 살펴보았다. 이제 그가 제안한 다섯 가지 해결 방법으로 우리가 불안과 어떻게 공존할 수 있는지를 살펴보자. 불안을 이해하고 다루는 방식은 다양하지만 그 중심에는 언제나 사람과의 관계가 있다.

첫째, 사랑과 인정에 대한 갈망은 철학적 접근을 통해 줄일 수 있다. 철학은 타인의 시선에 휘둘리지 않고, 자신의 내면과 가치에 집중하라고 말한다. 고대 철학자들처럼 외부의 인정보다 내면의 기준을 세우고 자기 성장을 중심에 두는 삶을 지향해야 한다. MBA 역시 사회적 인정의 수단이 아니라 자기개발의 과정으로 접근해야 한다. 깊이 있는 배움과 성장에 집중하면 외부의 인정이 아닌 자신에게 집중하게 되어 불안을 줄일 수 있다. 연세대학교의 교훈인 '진리가 너희를 자유롭게 하리라'는 말처럼 배움에 집중하는 삶은 불안을 줄이는 좋은 방법이 된다.

둘째, 사회적 비교에 따른 불안은 예술의 관점을 통해 해결한다. 예술은 삶의 다양한 모습이 그 자체로 아름답다고 말한다. 성공과 실패로 나누는 이분법을 넘어서 각자의 삶이 가진 고유한 가치를 인정하게 만든다. MBA에서는 결과와 무관하게 자신의 경험을 서로 나눌 수 있고 성장의 자산이 된다. 결과가 아니라 경험한 사람 자체가 소중하고 의미있다. 경험을 공유하는 사람 그 자체가 아름다운 사람이다.

셋째, 자유와 불안의 역설은 정치적 장치로 극복 가능하다고 한다. 모두가 성공할 수 있다는 믿음은 반대로 실패를 개인의 책임으로 돌리는 분위기를 만든다. 그로 인해 실패한 사람은 낙인찍히고 더 고립된다. 그러나 성공이 모두에게 열려 있다는 말은 누구나 실패할 수 있다는 의미이기도 하다. 이때 필요한 것은 공정한 기회, 복지망 그리고 심리적 회복 시스템이다. 우리도 이러한 회복 시스템이 필요하다. MBA에서 만들어진 동료, 친구, 멘토와의 관계는 불안을 완화해주는 나만의 복지망이 되어준다. 함께 고민하고 지지해주는 사람이 있다는 것만으로도 우리는 더 단단해질 수 있다.

넷째, 물질적 성공과 행복의 혼동은 종교적 관점에서 바라볼 수 있다. 모든 존재는 사랑받을 가치가 있다. 이 말은 성공 여부와 상관없이 우리가 그 자체로 의미 있는 존재임을 말해준다. 행복은 성취나 소유에서 오는 것이 아니라 관계와 나눔, 존재 의미에서 비롯된다. MBA에서 만난 다양한 원우들의 삶은 그 형태나 스펙, 물질의 크기와 관계없이 많은 깨달음을 준다.

다섯째, 사회적 인정의 불확실성은 보헤미안적 삶의 태도로 극복할 수 있다. 보헤미안은 세속적인 성공 기준에서 벗어나 창의성, 자유, 자기 표현, 공동체적 삶을 중시한다. 남이 정한 기준이 아니라, '나만의 기준으로 살아라'라는 말은 스스로에게 최선을 다하고 사회적 인정에 휘둘리지 않게 해준다. 실수나 실패를 이해하고 존중하는 관계는 자존감을 회복하도록 도와준다. 삶의 가치를 재정의하고 함께 도우며 사는 것, 그것이 진정한 행복의 출발점이자 불안을 완화하는 것이다.

이처럼 다섯 가지 불안의 원인에 맞서는 알레드 보통의 철학, 예술, 정치, 종교, 보헤미안적 삶의 접근은 치열한 직장 생활을 하는 우리에게도 불안을 다룰 힘과 삶의 중심을 되찾는 길을 제시한다. 그리고 이 모든 과정 속에서 우리가 만들어야 할 가장 중요한 자산은 사람과의 관계다. 가족, 친구 그리고 MBA에서 만난 동료와 멘토가 함께 있다면 우리는 이 불안한 시대를 더 단단하고 더 지혜롭게 걸어갈 수 있다.

제 2 장

MBA로 향하는 사람은 누구인가?

1. 기업은 생존을, 직장인은 성장을 꿈꾼다
2. 금리는 오르고, 기회는 사라진다
3. 책임은 무겁고, 관행은 버거워진다
4. 자격을 쌓고, 길을 넓히다

많은 직장인들이 자기개발과 다양한 인적 네트워크를 구축하고자 업무와 병행하여 국내 MBA 과정을 밟고 있는데 기업·금융·공공 그리고 전문가 분야별로 이외 다른 상이한 목적을 갖고 MBA로 향한다.

대기업 실무자는 사람들 사이에서 돋보이기 위한 자신만의 경쟁력 확보, 중간관리자는 효율적 조직운영 그리고 임원진은 전략적 의사결정 및 제2의 삶을 준비하고자 MBA 과정을 밟는다. 반면 중견·중소기업 스타트업 종사자는 이직, 사업영역 확장 및 자금조달 등 실리적 목적으로 MBA 과정을 지원한다.

저상장·저금리 시대, 금융권에서 여·수신 금리 차익을 통한 이익 창출은 한계가 있다. 보험·증권·금융상품 및 부동산 투자 등으로 사업 확장이 불가피하고, 이러한 상황에서 금융권 관리자급으로 올라갈수록 경영전략, 마케팅에 기반한 경영 활동이 요구됨에 따라 경쟁에서 살아남기 위해 MBA 문을 두드린다.

공공분야의 철밥통 시대는 끝났다. 경영 효율화, 수익창출이 요구되면서 공공분야 종사자들도 경영 이론 학습 공간인 MBA에 관심을 갖는다. 또한 공공분야도 은퇴 후 제2의 인생 설계 및 준비를 위해 영리 추구를 근본으로 하는 경영학 지식과 다양한 인적 네트워크 구축이 더욱 요구된다.

과거에는 소위 끝에 '사'자 붙는 전문가들은 앉은 자리에서 돈을 번다고 하였다. 그러나 경기침체에 따른 경쟁이 치열해지면서 전문가들도 본업은 기본이고 사업영역 확장이 불가피함에 따라 MBA 과정을 밟는다.

많은 직장인들이 자기개발 및 다양한 인적 네트워크 구축을 위해 업무 외 시간에 대학원을 다닌다. 그리고 직장 생활에 지장이 없도록 평일 낮 시간에 개설되는 전일제 수업 위주의 일반대학원보다 야간 또는 주말에 수업이 개설되는 반일제 수업 위주의 전문 또는 특수대학원을 선호한다. 특히, 어느 분야든 기본적으로 경영에 대한 이해가 기반이 되어야 하기에 많은 전문, 특수대학원 중 MBA 과정을 선호하는 인원이 많다.

구분	일반대학원	전문대학원	특수대학원
목적	학문의 기초 이론 고도의 학술 연구 (연구,교수 인력)	실천적 이론 적용 연구 개발 (전문분야 인력)	직업인, 일반 성인 계속 교육 (직업인, 평생교육)
과정설치	석사/박사 과정	석사(원칙), 박사 과정 설치 가능	석사 과정
수여학위	학술학위	전문학위, 학술학위 수여 가능	전문학위

〈유형별 대학원 분류〉[11]

MBA 과정은 전문대학원과 특수대학원에 개설되어 있고 각 과정의 업종별 인원 구성비는 학교 및 과정마다 상이하지만 기업, 금융업, 공공기관, 전문가 순으로 구성된다.

구분	기업	금융	공공	전문가 등 기타
인원구성	72%	11%	9%	8%

〈업종별 인원 구성비〉

일반적으로 경영학 지식 및 역량 향상과 다양한 인적 네트워크 구축을 위해 MBA 과정을 밟으나 각 분야별 원우들과 인터뷰한 결과 이외 서로 상이한 목적이 있다. 업종별 인원 구성비를 토대로 4개 분야로 구분하여 어떤 목적으로 MBA 과정을 밟는지 다양한 사례를 중심으로 이야기 하고자 한다.

1. 기업은 생존을, 직장인은 성장을 꿈꾼다

1) MBA, 직장인 성장의 필수가 되다

MBA는 자기개발 및 다양한 인적 네트워크 구축 욕구가 강한 직장인들이 선호하는 석사 과정이다. 특히 소속 기업의 규모와 기업 내 위치에 따라 MBA를 통해 추구하는 목적이 상이하게 나타난다. 대기업 종사자들은 일반적으로 이직이나 사업 확장보다는 자신의 역량 강화를 통한 지위 상승과 영향력 확대에 초점을 맞추는 경향이 강한데, 실무자, 중간관리자, 임원 등 각 계층에 따라 접근 방식과 기대 효과도 다르다.

그룹 공채를 통해 적게는 수십 명, 많게는 수백 명이 입사 동기 관계가 형성되면서 초년 시절에는 편하게 술 한 잔 기울이면서 웃고 즐기지만, 피라미드 조직에 따른 승진 구조에서 대리, 과장으로 갈수록 암묵적 경쟁 관계가 심화된다. 특히 임원으로 가는 길은 매우 제한적인 기회로, 아시아경제 보도에 따르면 국내 매출 100대 기업 임원 비율은 직원 119명 중 1명 꼴인 것으로 조사됐다. 다시 말해 임원 승진율은 0.84%다.[12] 이러한 연유로 회사에서 인정받는 실무자는 결혼, 육아를 잠시 뒤로 하고 자신의 가치를 높여서 사내 입지 강화 및 직무 전환 또는 이직의 기회를 갖기 위해 회사 지원 또는 자신의 사비로 MBA를 밟는다.

특히 업종 특성상 전문성이 요구되는 분야에서는 관련 석·박사 과정을 선택하는 경우가 많다. 예를 들어 교통·운송 분야에서는 서울과학기술대학교나 한국교통대학교 같은 특화 대학원의 석·박사 과정을 진학 경로로 삼는다. 하지만 경영기획이나 지원 부서에 근무하는 직원들은 다른 길을 선택한다. 이들은 경영학적 역량을 강화하기 위해 서울 주요 대학의 MBA 과정에 진학한다. MBA는 단순히 학위 취득이 목적이 아니다. 조직 내 입지를 공고히 하고, 다양한 인적 네트워크를 기반으로 더 나은 커리어 기회를 모색하려는 전략적 선택이다.

경력 초반에는 반복되는 실무 경험 속에서 성장의 갈증을 느끼는 경우가 많다. 특히 비경영학 전공자의 경우, 차변과 대변, 자산과 부채 같은 기본적인 회계 용어조차 익숙하지 않은 채 업무를 수행하는 일이 흔하다. 실무 감각만으로 일처리를 해내는 데에는 한계가 있고, 시간이 지날수록 전략적 사고와 경영 언어에 대한 이해 부족이 커리어 성장의 걸림돌로 작용한다.

MBA 과정은 이러한 한계를 극복하는 데 실질적인 도움이 된다. 경영학의 체계적 학습을 통해 업무의 깊이를 더하고, 동시에 다양한 배경을 가진 동료들과의 네트워크를 구축함으로써 새로운 기회를 창출할 수 있다. 실제로 많은 직장인들이 MBA를 통해 실무의 한계를 돌파하고, 예상치 못한 이직 기회를 잡거나 내부 승진의 발판을 마련하고 있다.

기업들도 이런 흐름을 인식하고 있다. 일부 기업은 매년 일정 인원을 선발해 국내 반일제 MBA 과정의 학비를 전액 지원한다. 특히 대리~과장급 직원들이 많이 지원하는데, 이들은 대부분 비경영학 전공자이거나, 향후 관리직으로 성장하고자 하는 욕구가 강하다. MBA 과정을 이수한 직원들은 배운 지식을 업무에 적극 적용해 성과를 내고, 조직 내에서 신뢰받는 인재로 자리매김하고 있다.

그렇다고 MBA가 실무자에게만 필요한 것은 아니다. 차장, 부장급 중간관리자에 이르면 MBA의 필요성은 더욱 절실해진다. 초년 실무자 시절에는 맡은 업무만 잘 수행하면 되었지만, 중간관리자가 되면 상황은 달라진다. 부서 전략 수립, 사업비 예산 편성 및 집행, 조직원 평가와 관리 등 부서 운영 전반을 책임져야 한다. 회계, 인사, 전략 등 다양한 경영 기능에 대한 기본적인 이해와 융통성 있는 사고가 필수적이다. 문제는 일부 중간관리자들이 이러한 역량을 충분히 갖추지 못한 채 역할을 맡게 된다는 데 있다. 자산, 부채, 자본 등 기본 회계 용어조차 익숙하지 않아 사업비 승인 과정에서 오류를 발견하지 못하거나, 인사 관리의 중요성을 간과해 인재 유출을 초래하는 사례도 적지 않다. 실무 능력은 뛰어날지 몰라도, 부서 전체를 경영하는 시야와 역량이 부족하면 결국 조직에도 개인 커리어에도 치명적인 한계를 드러내게 된다.

MBA 과정은 이러한 경계선을 넘어서는데 유효한 도구가 된다. 회계, 재무, 마케팅, 전략, 조직관리 등 다양한 영역을 통합적으로 학습함으로써, 중간관리자에게 요구되는 복합적 사고와 문제 해결 역량을 체계적으로 기를 수 있다. 또한, 다양한 산업과 조직 출신 동료들과의 네트워크를 통해 시야를 넓히고, 복잡한 조직 내 이해관계를 조율하는 감각을 키울 수 있다. 요컨대, 실무자 시절에는 몰랐던 경영학적 통찰이, 관리자로 올라갈수록 절실해진다. MBA는 단순한 학위가 아니다. 실무 능력을 넘어, 조직을 이끌고 미래를 설계하는 '경영자적 시야'를 갖추게 해주는 성장 플랫폼이다.

코로나 이전에는 기업들이 집체교육 또는 온라인 교육 방식으로 팀장 및 팀장 후보군 대상 재무·회계·마케팅·경영전략·리더십 교육 과정을 개설하였다. 내가 전에 재직하였던 회사 그리고 현재 재직 중인 회사도 그룹 주관으로 해당 과정을 개설하고 많은 직원들

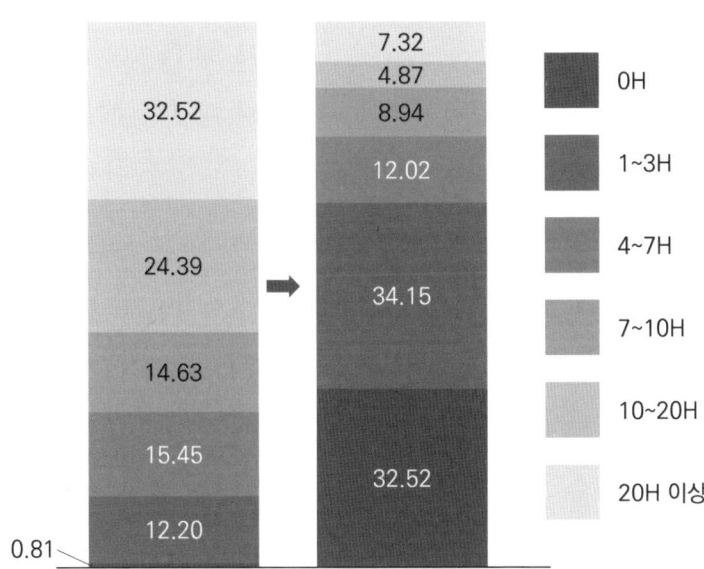

코로나19 이후 줄어든 기업 교육 시간 (단위:%)

*자료 : 서울대 이찬 교수 연구팀, 국내외기업 123개사 조사 기준시점 2020년 2월 23일.

이 자의반 타의반으로 이수하였다. 그러나 코로나로 인해 집합교육이 제한되고 경기침체에 따른 교육비 절감이 요구됨에 따라 기업교육 시간이 축소되었고[13] 심지어 반 강제적으로 진행되던 팀장 또는 팀장 후보군 대상 경영관리, 리더십 교육이 개설되지 않았다.

중간관리자로서 재무·회계·마케팅·경영전략·리더십 역량이 요구되나 해당 분야 교육이 축소되면서 배움의 기회를 다른 곳에서 찾고자 하였고 자연스럽게 일과 학업 병행이 가능한 국내 반일제 MBA로 몰리게 되었다. 이들은 학교 수업으로 이론적 역량을 재무·회계·마케팅·인사 관련 연구회 활동을 통해 외부 트렌드와 인사이트를 넓혀 나가고 임원으로 승진하기 위한 기반을 구축하였다.

2) 대기업 임원, 왜 MBA를 다시 찾는가

대기업에서 임원으로 승진한다는 것은, 조직 내 상위 1%에 진입한다는 의미다. 흔히 군대에 비유하면 '스타 장성'에 해당하는 위치다. 임원이 되면 부장 시절 대비 연봉이 두 배 이상 인상되고, 차량과 사무실 지원을 비롯해 다양한 혜택이 제공된다.[14] 경제적 풍요는 물론, 사회적 지위까지 함께 따라오는 자리다. 누군가는 임원을 '임시 계약직'이라고 부르기도 하지만, 이는 표면적인 표현일 뿐이다. 실제로 대기업 임원은 막대한 책임과 전략적 역할을 함께 부여받는다. 회사의 중대한 사안을 의사결정하고, 조직의 방향을 설정하는데 있어 핵심적인 위치에 선다. 그렇기에 일반 직원들과는 차원이 다른 보상과 처우가 정당하게 주어지는 것이다.

그러나 중요한 것은, 이 책임이 과거 실무 경험만으로 감당할 수 있는 수준을 넘어선다는 점이다. 특정 업무에 대한 전문성과 현장 경험은 기본이다. 그 위에 전략적 사고력, 경영 전반에 대한 이해, 최신 비즈니스 트렌드 분석 역량이 추가로 요구된다. 실무를 넘어 조직 전체를 바라보고, 미래를 설계할 수 있는 넓은 시야와 깊은 사고가 필요하다. 이런 이유로 많은 임원 승진 대상자들이 MBA 과정을 고려한다. MBA는 단순히 경영 이론을 학습하는 데 그치지 않는다. 급변하는 경영 환경을 분석하고, 복잡한 이해관계 속에서 최적의 결정을 내릴 수 있는 능력을 기르는 과정이다. 최신 경영 트렌드를 체계적으로 익히고, 다양한 산업과 조직 경험을 가진 동료들과의 네트워크를 통해 사고의 폭을 넓힐 수 있다. 실제로 MBA 과정을 수료한 여러 임원들은 졸업 소감을 통해 이 점을 강조한다. 과거의 경험만으로는 볼 수 없었던 관점이 생겼고, 보다 전략적인 시야로 조직을 이끌 수 있게 되었다는 이야기다. 임원이 된다는 것은 단순히 더 높은 직급으로 이동하는 것이 아니라, 완전히 다른 차원의 경영자적 사고방식을 요구받는 것이다. 그리고 그 전환점을 만드는 데 있어 MBA는 강력한 도구가 된다.

> o 최근 급격한 환경변화와 불확실성 증가로 미래에 대한 불안감이 커지는 상황에서 선택한 MBA 코스는 마치 내게 사막의 오아시스와도 같았습니다. (삼성전자 o상무)
> o 교수님과 원우님들의 다양한 관점과 인사이트를 통해 어디서도 얻기 어려운 지혜와 조언을 받아서 업무에 많은 도움이 되었습니다. (CJ대한통운 o상무)
> o 관록과 명망있는 교수진을 통해 이론이 뒷받침된 '훌륭한 경영 나침반'을 만들어 나갈 수 있었다. (삼성전기 o전무)

대기업 임원에게는 정년이라는 개념이 존재하지 않는다. 언제든지 자의반 타의반으로 퇴직할 수 있기에, 많은 임원들은 재직 중이거나 퇴직 직후 제2의 인생을 준비해야 한다. 일부는 충분한 경제적 여유를 바탕으로 여가와 취미 생활에 집중하지만, 대다수는 50대 중후반에 퇴직하는 경우가 많아 여전히 부양해야 할 가족이 있고, 사회적 활동을 이어가고 싶은 욕구도 강하다.

이들은 오랜 기간 쌓아온 업무 경험을 살려 컨설팅을 하거나, 중소기업 임원으로 재취업하거나, 자격증 취득을 통해 소득 기반을 마련하고자 한다. 그리고 이 과정에서 MBA 과정을 선택해 경영학적 지식을 보완하고, 인적 네트워크를 확장하는 경우가 많다. 현업에서 체득한 경험에 최신 경영 트렌드와 이론을 접목시켜, 새로운 커리어를 준비하는 것이다. 대기업 재직자의 경우 MBA 진학 목적이 비교적 명확하다. 회사 내 입지 강화를 위한 자기개발 그리고 퇴직 이후 제2의 인생을 설계하기 위한 준비가 핵심이다.

3) 중견기업과 스타트업, MBA로 기회를 넓히다

중견·중소기업 재직자들은 개인적 목적에 더해 '사업 목적'이라는 요소가 복합적으로 작용한다. 특히 최근 채용 트렌드가 대규모 공채에서 수시 채용으로 전환되면서,[15] 대기업 입사의 문턱이 높아진 현실도 이들의 MBA 선택에 영향을 미친다.

많은 직장인들이 생계와 커리어 관리를 위해 중견·중소기업에서 경력을 쌓은 후, 대기업 이직을 노린다. 이 과정에서 MBA 취득은 직무 전문성 강화뿐만 아니라, 이직 시장에서 경쟁력을 높이는 데 긍정적인 역할을 한다. 수시 채용에서는 인적 네트워크가 중요한 역

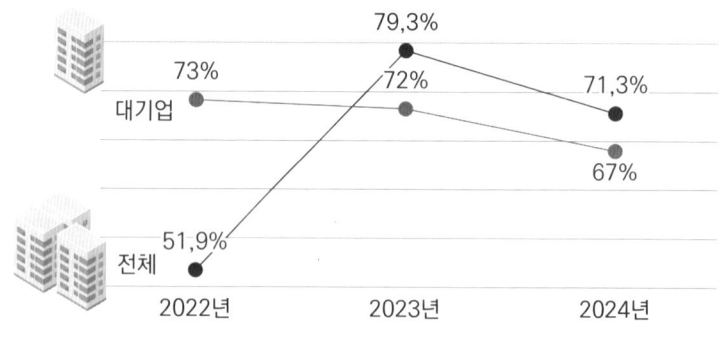

할을 하는데, 다양한 업종 출신 동료들과의 네트워크를 쌓을 수 있는 MBA 과정은 실질적인 도움을 제공한다.

중견·중소기업에서 일하는 직장인들은 또 다른 현실적 이유로 MBA를 선택한다. 인건비 절감과 조직 슬림화를 요구받는 환경 속에서, 경영기획, 인사, 총무, 재무까지 다방면의 업무를 동시에 수행해야 하는 경우가 많기 때문이다. 대기업에서는 하나의 직무만 수행하는 것이 일반적이지만, 중견·중소기업에서는 1인 다역을 해야 한다. 이 때문에 경영학 전반에 대한 이해 없이는 효율적인 업무 수행이 어렵다. MBA 과정은 이들에게 실질적 역량 강화의 기회를 제공한다.

또한, 중견·중소기업 경영진 역시 경영학적 시야를 갖추는 것이 필수적이다. 초기에는 기술이나 영업 역량만으로 사업을 이끌 수 있었지만, 회사가 성장하고 성숙기에 접어들면 인사, 노사 관리, 전략 수립 등 경영 전반을 아우르는 통찰이 필요해진다. 경영진들은 새로운 성장 돌파구를 찾고, 변화하는 비즈니스 환경에 대응하기 위해 MBA 과정을 통해 체계적인 경영학 지식을 습득한다.

B2B 사업 비중이 높은 중견·중소기업은 특히 네트워크를 통한 사업 확장이 중요하다. 주요 고객이 대기업인 경우가 많아, 기존 거래처와의 관계 유지만으로는 한계에 부딪히기 쉽다. 이에 다양한 산업군 출신이 모이는 MBA 과정은 자연스러운 비즈니스 네트워크 확장의 장이 된다. 일부는 수업 외에도 마케팅, 인사, 제약 등 업종별 연구회에 참여하거나 골프 모임 등 비공식 모임을 통해 새로운 사업 기회를 모색하기도 한다.

자금 조달과 사업 제휴 역시 MBA 네트워크를 통해 이뤄지는 경우가 많다. 대기업에 비해 자금 조달이 쉽지 않은 중견·스타트업 경영자들은 MBA에서 맺은 금융권 인맥을 통해 필요한 자금을 유치하거나, 사업 제휴 기회를 만들기도 한다. 실제로 건설업에 종사하는 한 기업가는 MBA 동문 네트워크를 활용해 시행사업 파트너를 찾고, 국내 주요 관광지에 숙박시설 단지를 추진하는 프로젝트를 함께 진행하고 있다.

결국, 대기업 임원이든, 중견기업 종사자든, 스타트업 경영자든, MBA는 단순한 학위가 아니다. 변화하는 시대에 맞춰 자신의 커리어를 재설계하고, 사업의 확장을 모색하며, 지속 가능한 성장 기반을 마련하는 중요한 발판이 되고 있다.

2. 금리는 오르고, 기회는 사라진다

1980년대 은행은 누구나 부러워하는 직장이었다. 당시만 해도 상업고등학교를 졸업한 학생들이 은행에 입사[16]해 '개천에서 용 나는' 성공신화를 만들던 시대였다. 은행원은 하얀 와이셔츠를 입고 출퇴근하는 귀한 사무직으로, 부모 세대에게는 안정적이고 존경받는 직업이었다. 고금리 시대, 은행은 목돈을 맡기면 '따박따박' 이자가 나오는 곳이었고, 개인들은 저축을 통해 자연스럽게 자산을 불려나갔다. 그러나 세상은 바뀌었다. IMF 위기와 리먼브라더스 사태를 거치며, 한국 경제는 저성장[17]과 저금리[18]의 늪에 빠졌다. 한때 두 자릿

연도	2018	2019	2020	2021	2022	2023	2024
경제성장률	3.2%	2.3%	- 0.7%	4.6%	2.7%	1.4%	2.0%

〈경제성장률 추이〉

연도	2018	2019	2020	2021	2022	2023	2024
기준금리	1.75%	1.25%	0.5%	1.0%	3.25%	3.5%	3.0%

〈시장 기준금리 추이〉

수였던 예금 금리는 이제 1~3%대에 머물고 있으며, 금융권은 전통적인 수신·대출 금리 차익만으로 수익을 내기 어려운 상황에 직면했다. 대형 은행들은 보험, 증권, 카드, 부동산 신탁, 투자 등으로 사업 영역을 확장하며 활로를 모색하고 있다.

1) 금융권 변화 트렌드 : 생존을 위한 재구성

변화는 단순한 수익구조 문제를 넘어, 금융기관의 사업 전략, 조직 구조, 인재상까지 전방위적으로 확산되고 있다. 첫째, 수익 구조 다변화다. 전통적인 예대마진(예금과 대출 간 금리 차이)만으로는 은행의 성장 동력을 기대하기 어렵다. 이에 따라 은행들은 비은행 부문으로 사업 포트폴리오를 확장하고 있다. 자회사 형태로 보험사, 카드사, 증권사를 운영하거나, 부동산 신탁·PEF(사모펀드)·VC(벤처캐피털) 투자로 수익원을 다각화하는 사례가 늘고 있다. 금융은 더 이상 '예금과 대출'만의 비즈니스가 아니다.

둘째, 디지털 전환 가속화다. 핀테크 기업들의 등장과 함께 금융업은 빠르게 디지털화되고 있다. 모바일 뱅킹, 간편 결제, 비대면 대출은 기본이 되었고, AI 신용평가, 로보어드바이저, 블록체인 기반 송금 시스템 등이 주류로 편입되고 있다. 이에 따라 금융기관은 IT 역량을 갖춘 인재를 적극 채용하거나, 내부 직원들에게 디지털 리터러시 교육을 강화하고 있다.

셋째, 고객 중심 서비스 강화다. 이전에는 '은행에 찾아오는 고객'을 중심으로 서비스를 설계했다면, 이제는 '언제 어디서나 금융을 경험하는 고객'을 전제로 상품과 채널을 재설계한다. 맞춤형 금융상품, 초개인화 마케팅, 고객 여정 기반의 서비스 디자인이 중요한 화두가 되고 있다.

넷째, ESG(환경·사회·지배구조) 금융 확대다. 사회적 가치 창출과 지속 가능성 확보가 경영의 중요한 기준으로 부상하면서, 금융기관들도 ESG 전략을 강화하고 있다. 친환경 투자, 사회적 금융, 투명한 지배구조를 강조하는 금융 상품과 서비스를 확대하는 것이 트렌드다.

이러한 변화 속에서, 금융권 종사자들에게 요구되는 역량도 달라지고 있다. 단순히 수치 계산과 대출 심사에 능한 인재가 아니라, 글로벌 시장을 이해하고, 디지털 트렌드에 민감하며, 다양한 자산 운용 전략을 설계할 수 있는 종합적 경영 감각을 갖춘 금융인이 필요해지고 있다.

자연스럽게 많은 금융권 종사자들은 MBA 과정을 통해 이러한 역량을 보완하고 있다. 단순한 이론 학습을 넘어, 다양한 산업군과의 교류를 통해 시야를 확장하고, 금융을 둘러싼 복잡한 변화 속에서 새로운 기회를 찾기 위해 움직이고 있는 것이다.

2) 금융권 MBA 졸업생의 변화

국내 주요 MBA 과정에는 이런 금융권 출신 지원자들이 꾸준히 증가하고 있다. 이들은 재무, 회계, 마케팅, 전략 과목을 통해 이론적 기반을 다지고, 회계·금융·투자 연구회 활동을 통해 시장 트렌드에 대한 인사이트를 넓혀가고 있다. 무엇보다 다양한 업종과 직급의 원우들과 교류하면서, 인적 네트워크를 확장해나간다.

금융권 MBA 졸업생들의 변화는 뚜렷하다. 한 대형 보험사의 상품개발 담당자는 MBA 과정을 통해 IT, 경영전략에 능한 동료들과 협업해 코로나 시대에 특화된 메타버스 기반 비대면 상담 플랫폼을 구축했다. 그는 원래 수학 전공자였지만, 경영학 이론과 네트워크를 바탕으로 실질적 성과를 만들어 냈고, 이후 마케팅 박사 과정까지 진학하며 커리어를 확장했다. 또 다른 사례로, 국내 대형 은행의 텔

러로 커리어를 시작한 한 금융인은 MBA 과정을 통해 회계·재무 지식을 강화하고, 다양한 업종 종사자들과 네트워크를 쌓아 현재는 결제 대행 그룹사에서 영업 임원으로 활약하고 있다. 그는 체계적인 경영학 학습과 인맥 구축이 없었다면 지금의 자리까지 오르기 어려웠을 것이라고 회고한다.

그러나 단순히 높은 금리 수익을 기대할 수 있는 시대는 지났다. 변화하는 금융 환경 속에서 살아남기 위해서는, 금융인을 넘어 경영자로 사고할 수 있는 역량이 필요하다. 그리고 그 여정의 출발점으로, 많은 이들이 MBA를 선택하고 있다.

3. 책임은 무겁고, 관행은 버거워진다

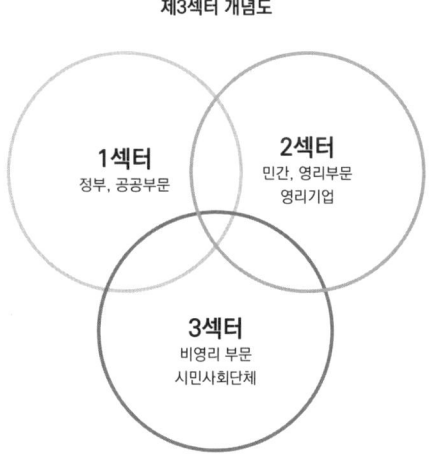

제3섹터 개념도

우리가 살아가는 사회는 운영 주체에 따라 세 개의 섹터로 구분할 수 있다. 1섹터는 정부와 공공기관처럼 공익을 추구하는 영역이고, 2섹터는 민간 기업처럼 이윤 창출을 목표로 하는 부문이며, 3섹터는 지방자치단체 산하 법인, 공사, 공단, 협회, NGO 등 비영리 조직을 포함하는 독립 부문이다. MBA는 본래 2섹터, 즉 민간 기업 종사자들을 위한 경영학 석사 과정으로 출발했다. 그러나 최근에는 1섹터(정부·공공부문)와 3섹터(비영리 부문)에서도 MBA를 찾는 수요가 점차 증가하고 있다. 실제로 주요 MBA 과정에서는 정부, 공공기관, 비영리단체 출신이 전체 수강생의 약 10%를 차지하고 있으며, 그 비율은 꾸준히 늘어나는 추세다. 그렇다면 왜 공공과 비영리 부문의 종사자들이 MBA를 선택하는 것일까?

1) 공무원 : 승진의 벽을 넘기 위한 선택

공무원이 되는 경로는 크게 9급·7급 공개채용과 5급 행정·외무고시로 나뉜다. 5급 고시 출신 중 우수한 인재들은 국비 유학을 통해 해외에서 석·박사 학위를 취득하고, 이후 고위공무원단 진입이나 대학교수로의 전환 기회를 얻는다. 반면 7·9급 공채 출신은 상대적으로 이러한 기회가 제한적이다. 성과를 내더라도 일정 직급 이상으로 승진하는 데 유리 천장을 경험하는 경우가 많다. 이러한 한계를 돌파하기 위해, 일부 공무원들은 자비로 대학원 과정을 선택한다. 과거에는 행정대학원이 주류였지만, 최근에는 민간 기업의 효율성과 전략적 사고를 벤치마킹하기 위해 MBA 과정을 선택하는 사례가 증가하고 있다. 중앙부처 6급 공무원 출신 한 MBA 원우는, 경영 지식과 글로벌 트렌드를 익히기 위해 MBA를 선택했다. 이후 그는 부서 내 주요 해외 컨퍼런스 기획과 운영을 주도하며, 기존과는 다른 차원의 전문성과 기획력을 인정받고 있다.

2) 군 장교 : 전역 후 민간 커리어 전환을 위한 준비

군 장교가 되는 경로는 사관학교 외에도 학사사관, 학군사관, 전문사관 과정19) 등 다양하다. 그러나 사관학교 출신이 아닌 장교들은 장성 승진 가능성이 낮고, 계급 정년 제한 등으로 인해 일정 시점에 전역을 고려해야 하는 경우가 많다. 한 때는 대기업에서 군 전역자를 우대 채용하는 관행이 있었지만, 최근에는 그 기회가 크게 줄었다. 이에 따라 초·중급 장교들은 전역을 준비하며 민간 커리어 전환을 목표로 MBA 과정을 선택하고 있다.

해군 대위로 전역을 준비하던 한 MBA 원우는, 경영학 지식과 민간 네트워크를 쌓기 위해 MBA에 진학했다. 학업과 네트워킹을 적극적으로 활용한 그는 국내 대형 보험사에 입사하여, 지점장으로 발탁되며 민간 기업에서 새로운 커리어를 성공적으로 이어가고 있다.

3) 공기업 : 생존을 위한 경영 혁신

공기업은 안정적 공공재 제공이라는 본래 목적에 집중해 왔다. 그러나 이로 인해 수익성과 효율성 관리가 상대적으로 소홀해졌고, 결과적으로 매년 적자가 누적되면서 부채 규모가 600조 원을 넘어서는 상황에 이르렀다.20)

이런 흐름 속에서 정부는 공기업에도 민간 기업 수준의 경영 효율성과 재무 책임을 요구하고 있다. 이에 따라 공기업 종사자들도 경영학적 사고를 갖추기 위해 MBA 과정을 선택하고 있다. 국내 대형 발전 자회사에서 근무하던 한 관리자 출신 MBA 원우는, 공기업의 경영 개선을 위해 자발적으로 MBA에 진학했다. 그는 과정을 통해 최신 경영 트렌드와 민간 기업의 경쟁 환경을 체감하며, 자신의 소속 조직에 우수 인재 양성 프로그램을 도입하는데 기여했다.

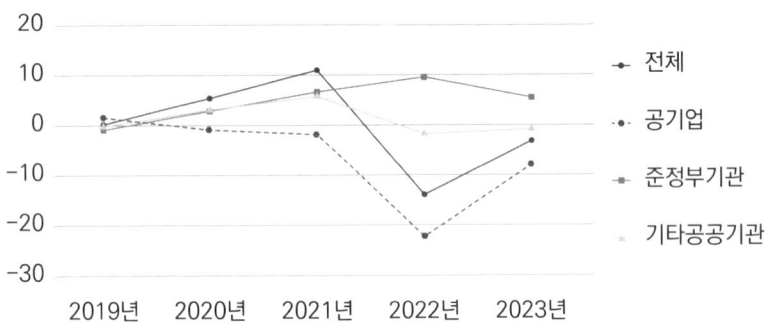

〈공공기관 연도별 당기 순이익〉

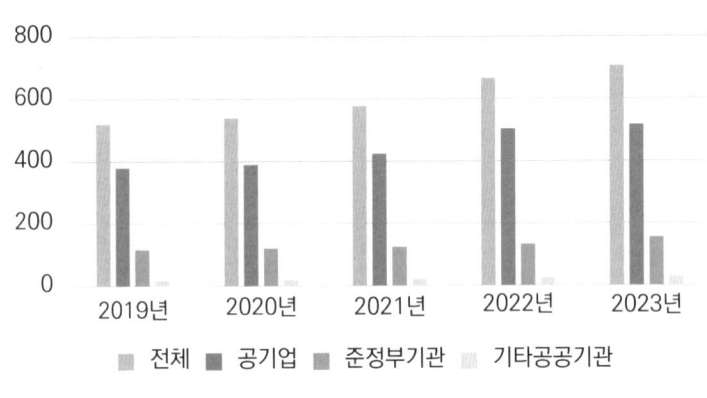

〈공공기관 연도별 부채 규모〉

4) 비영리단체 : 지속 가능한 운영을 위한 경영 혁신

비영리단체 종사자들은 왜 MBA를 선택할까? 과거에는 정부 보조금이나 기업 후원금에 의존해 운영되는 경우가 많아, 경영전략이나 수익 구조 개선에 대한 관심이 상대적으로 적었다. 그러나 저성장 시대가 지속되면서 기업 후원금이 감소하고, 비영리단체들도 생존을 위한 재원 확보와 효율적 운영에 나서야 하는 상황이 되었다.

MBA 과정을 선택한 비영리단체 종사자들은 인적 네트워크를 통해 후원사를 찾고, 사회공헌활동을 공동 추진하는 기회를 만들고 있다. 실제로 한 비영리단체 종사자 출신 MBA 원우는 국내 보험사와의 제휴를 통해 사회공헌 프로그램을 성공적으로 기획하고 실행해 냈다. 또한 이들은 MBA 과정에서 습득한 경영 인프라 구축 경험을 바탕으로, ERP 도입, HRD 체계 수립 등 조직 내부 프로세스 혁신을 추진하며 비영리단체의 투명성과 효율성을 높이는 데 기여하고 있다.

4. 자격을 쌓고, 길을 넓히다

전문직으로 분류되는 의사, 간호사, 변호사, 회계사, 경영지도사 등 다양한 직업군 종사자들도 최근 MBA 과정에 발을 들이고 있다. 성균관대학교 경영대학원 과정의 경우, 전문직 종사자 비중이 약 8%에 달한다. 과거에는 이들 직업군이 본인의 전문성만으로 생계는 물론, 기업체 종사자보다도 높은 소득과 안정된 커리어를 보장받을 수 있었다. 그러나 지금은 상황이 달라졌다. 시장은 점점 경쟁이 치열해지고, 전문성만으로는 살아남기 어려운 시대가 도래했다.
업무 영역 확장과 새로운 기회 창출을 위해, 이들도 경영학적 사고와 네트워크 확장이 필수라는 사실을 절감하고 있다. 각 전문직별로 MBA를 선택하는 이유를 들여다보면, 이 같은 현실을 보다 생생하게 체감할 수 있다.

1) 환자 치료를 넘어 조직 경영자로

의사와 간호사들은 본래 환자 치료를 최우선 과제로 삼는다. 하지만 시간이 지나고 경력이 쌓이면, 자연스럽게 조직 관리와 병원 운영의 책임을 맡게 되는 경우가 많다. 특히 대형 병원에서는 의료 부문뿐 아니라, 원무, 재무, 인사 등 다양한 경영 부서를 효율적으로 통합하는 능력이 중요하다. 부원장이나 팀장과 같은 병원 내 고위 직책을 맡게 되면, 더 이상 의학적 전문성만으로는 역할을 다할 수 없다. 병원 수익 관리, 비용 구조 최적화, 경영전략 수립 등 경영 전반을 이해하고 이끌어야 한다. MBA 과정을 밟는 의료계 원우들은, 진료 외 영역에 대한 막연한 두려움을 넘어서고 회계, 재무, 전략기획 등 새로운 언어를 익히며 병원을 하나의 '기업'으로 이해하는 관점을 키운다.

실제 병원 부원장 출신 MBA 원우 중에는, "회계 자료를 읽을 수 없어서 의사결정 회의에서 큰 낭패를 본 경험"을 계기로 MBA에 진학한 경우도 있었다. 또 다른 병원 행정팀장은 병원 경영 효율화를 목표로 전략적 사고를 익히기 위해 MBA 과정을 택했다. 간호사 출신 원우들은 향후 행정 리더십을 대비해, 시간을 쪼개어 강의실로 발걸음을 옮기고 있다. 이들은 공통적으로 말한다. "진료는 환자와의 약속이고, 경영은 조직과의 약속이다." 진정한 의료 리더가 되기 위해서는, 두 가지 모두를 이해해야 하는 시대다.

2) 변호사·회계사·세무사 : 자격증만으로는 부족한 현실

법률·회계 분야는 오랫동안 고소득 전문직의 상징이었다. 한때 변호사나 회계사 자격을 취득하면 대기업 과장급 채용이 보장되던 시대가 있었다. 그러나 지금은 자격증만으로 커리어가 보장되는 시대가 아니다. 변호사·회계사·세무사 모두 과잉 공급 상태에 놓였고, 치열한 경쟁 속에서 살아남기 위해 끊임없이 자기 역량을 확장해야 한다. MBA를 선택한 이들은 단순히 경영학 이론을 배우는 것을 넘어, 기업 시장에 대한 이해를 높이고, 스스로를 하나의 브랜드로 만들어가고, 네트워크를 확장해 새로운 기회를 창출하기 위해 노력하고 있다.

한 대형 회계법인 소속 회계사 출신 MBA 원우는, 이미 경영학 학부를 졸업하고 실무 경험도 풍부했지만, 다양한 업종에 대한 통찰력과 인적 네트워크 구축을 목표로 다시 MBA 과정을 선택했다. 그는 졸업 후 MBA 동기 네트워크를 활용해 CFO로 이직하는 데 성공했다.

변호사·회계사·세무사 등 이른바 '전문직'들도 이제는 스스로를 시장에 적극적으로 소개하고, 확장해야 살아남을 수 있는 시대다.

3) 지역 전문직 : 공간의 한계를 넘어

MBA 과정이 온·오프라인 병행 형태로 운영되면서, 지방 거주 전문직 종사자들에게도 새로운 기회의 문이 열렸다. 서울과 거리가 먼 곳에 근무하더라도, 적극적으로 시간을 투자하면 국내 최고 수준의 MBA 프로그램에 참여할 수 있게 된 것이다. 부산에서 세무법인을 운영하던 한 MBA 원우는 단순한 지역 기반 사업 운영에 만족하지 않았다. 그는 경영학 역량 및 인적 네트워크 강화를 위해, 매주 서울로 올라와 강의를 듣고, 온라인 수업과 병행하며 학업을 이어갔다.

MBA 과정을 통해 쌓은 체계적인 경영학 지식과 인적 네트워크를 발판으로 부동산 세무 전문성 강화를 위해 박사 과정에 진학했다. 지역이라는 물리적 한계를 넘어, 자신만의 시장을 새롭게 열어가고 있는 것이다. 그는 이렇게 말했다. "거리에 갇히지 않고, 한계를 스스로 넘는 방법을 MBA가 가르쳐 주었다."

4) 경영지도사 : 경험에 학문을 더하다

경영지도사는 중소기업을 대상으로 경영컨설팅을 수행하는 전문 자격이다. 이들은 주로 국가 사업이나 정부 위탁 프로젝트를 통해 수익을 창출하는 경우가 많다. 컨설팅 단가는 자격증 소지 여부 뿐만 아니라, 석사 이상의 학위 그리고 컨설팅 경력에 따라 크게 달라진다. 따라서 많은 경영지도사들은 MBA 과정을 통해 석사 학위를 취득하고, 나아가 경영학 박사 과정을 통해 자신의 전문성과 시장 가치를 더욱 높여가고 있다. 특히, 대기업 실무 경험을 갖춘 장년층 원우들은 MBA를 통해 그간의 현장 경험을 체계화하고, 더 높은 수준의 전략적 사고와 사업화 능력을 갖추어 지속 가능한 컨설팅 커리어를 설계하고 있다.

전문직이라는 이름만으로는 더 이상 충분하지 않은 시대다. 진료실을 넘어 경영실을 꿈꾸는 의료인, 법정과 기업현장에서 시장을 읽어야 하는 변호사와 회계사, 지역을 넘어 전국을 무대로 삼는 세무사 그리고 경험에 학문을 더해 미래를 준비하는 경영지도사까지. 모두가 경영학이라는 공통된 언어를 통해 자신의 길을 넓히고, 가능성을 확장하고 있다. MBA는 이제 전문직 종사자들에게도 단순한 학위가 아닌, '새로운 생존 전략'이 되고 있다.

제 3 장

언제 MBA에 입학해야 하나

1. 직장, 출발선에서 길을 찾다
2. 리더십과 전문성 사이에서
3. 경험을 넘어서 새로운 도약으로
4. 모든 길은 어딘가로 통한다

누구나 직장 생활을 하다 보면 큰 갈림길 앞에 서게 된다. 반복되는 업무가 마치 끝없이 돌아가는 쳇바퀴처럼 느껴질 때, 더 크게 성장하고 싶다는 열망이나 새로운 도전에 대한 갈증이 생기고는 한다. 이때 자연스럽게 떠오르는 선택지가 바로 MBA다. 하지만 MBA로의 발걸음을 쉽게 떼기는 어렵다. 처음 MBA를 고려하는 순간부터 이미 여러 가지 고민들이 머릿속을 가득 채운다. 바쁜 회사 생활과 학업을 병행해야 하는 부담, 만만치 않은 시간과 비용의 투자 그리고 불확실한 미래에 대한 두려움까지 만만한 것이 하나도 없다. 이러한 현실적 어려움을 돕기 위해, 일반적으로 경험하는 직급과 상황을 가정하여, 실제 MBA 진학을 준비한다면 어떤 부분들을 어떻게 준비하는 것이 좋을지 비교적 현실적이고 구체적으로 제안하고자 한다.

1. 직장, 출발선에서 길을 찾다

사회 초년생 시절, 우리는 눈앞의 일에 적응하는 것만으로도 벅차다. 빠르게 돌아가는 조직의 흐름을 따라가고, 맡겨진 과제를 처리하며, 매일의 생존을 위한 작은 성취를 쌓아간다. 하지만 시간이 흐를수록 단순한 적응만으로는 채워지지 않는 질문이 마음속 깊은 곳에서 올라온다.

"나는 지금 어디로 가고 있는가?"

처음에는 눈앞의 일에 최선을 다하는 것만으로 충분했지만, 어느 순간부터는 커리어의 방향성을 고민하게 된다. 이때 비로소 우리는 '단순히 오래 일하는 것'과 '원하는 방향으로 성장하는 것'은 전혀 다른 문제라는 사실을 깨닫는다. 아직 모든 가능성이 열려 있는 이 출발선에서, MBA는 커리어의 새로운 지도를 그릴 수 있는 하나의 강력한 선택지로 다가온다. 고민과 두려움이 교차하는 이 지점에서, 다시 한번 스스로에게 묻게 된다. "나는 어떤 길을 걸어가야 할까?"

1) 커리어 첫 갈림길, MBA를 고민하다

회사에 입사한 지 3~4년, 대리라는 직급에 오르며 업무에 익숙해질 무렵, 많은 직장인은 커리어 발전에 대해 진지하게 고민하기 시작한다. 이제 막 실무 성과를 내기 시작한 이 시점에서, "과연 지금이 커리어 전환의 적기일까?"라는 질문은 누구에게나 낯설지 않다. 특히 경영·비즈니스 직군에서 일하는 사람들에게 MBA는 매력적인 선택지로 자주 언급된다. 하지만 경력 초기의 MBA 진학은 단순히 학위를 취득하는 차원이 아니라, 인생의 방향을 바꾸는 복합적 선택이라는 점에서 더 신중할 수밖에 없다.

실제로 국내 MBA 지원자의 평균 경력은 약 7년으로, 일반적인 대리급보다는 조금 높은 편이다. 하지만 평균 수치는 어디까지나 참고일 뿐, MBA 진학 시점을 결정하는 데 있어 중요한 것은 개인의 커리어 방향과 현 위치에 대한 성찰이다. 지금 다니는 조직에서의 성장 가능성, 내가 하고 있는 일이 내가 원하는 방향인지, 2~3년 후 어떤 위치에 있고 싶은지를 묻는 자기 성찰이 선행되어야 한다.

통계청 『경제활동인구조사(2023)』에 따르면,[21] 대기업 대리급 직장인의 평균 나이는 29.7세다. 이 시기는 직장 생활의 적응기를 넘어, 전문성을 키우고 성과를 내는 초기 단계이자 동시에 앞으로 어떤 경로를 밟을지를 고민하는 시기이기도 하다. 이 시점에 MBA를 고민하는 것은, 본격적으로 커리어의 진로를 설정하는 일종의 출발점이라 할 수 있다. 다만 승진 가능성이 열려 있고, 조직 내에서 기대를 받고 있다면, 당장 학업을 선택하는 것이 맞는지에 대한 갈등도 존재한다.

이처럼 경력 초기에 MBA를 고민하는 것은 단지 학문적 지식이 아니라 커리어의 재설계와 관련된 선택이다. 이 시기의 직장인은 실무를 통해 자신의 적성과 흥미를 확인하고, 예상과 다른 부분을 발견하기도 한다. MBA는 그러한 깨달음을 토대로 자신의 관심사와 강점을 재정립하고, 새로운 영역으로의 이동을 전략적으로 설계할 수 있는 기반을 제공한다.

2) 조기 진학의 기회와 현실적 고려

MBA를 주니어 시절에 이수하면 경력 전체를 놓고 봤을 때 상대적으로 긴 회수 기간을 확보할 수 있다. 30대 초반에 졸업하면 이후

30년 가까이 MBA 네트워크와 인프라를 활용할 수 있는 것이다. 물론 이 혜택은 개인의 역량, 선택한 산업, 향후 커리어 전략에 따라 달라질 수 있다. 중요한 것은 MBA가 "앞으로 무엇을 할 것인가"를 위한 수단이지, 과거를 보완하는 방편이 아니라는 점이다. 대리급 직장인은 실무 경험은 있지만 전략적 사고력이나 문제 해결을 위한 종합적 사고 능력, 리더십 역량이 아직은 부족하다고 느끼는 경우가 많다. MBA는 경영의 기본기를 탄탄히 다지는 동시에, 이론과 실무를 결합해 문제를 종합적으로 바라보는 훈련을 제공한다. 최근 국내 MBA는 전통적인 경영 과목 외에도 디지털 전환, ESG, 스타트업, 금융 특화 과정 등 세분화된 전문과정을 포함하며, 실무성과 연계된 커리큘럼으로 진화하고 있다.

그러나 이러한 결정에는 삶의 조건과 환경도 고려되어야 한다. 풀타임 MBA의 경우 일정 기간 직장을 떠나야 하며, 파트타임 MBA라 하더라도 야간과 주말 시간 대부분을 학업에 투자해야 한다. 체력과 시간 관리 능력 그리고 무엇보다 주변의 이해와 지지가 필수적이다. 특히 30대 초반은 결혼, 출산, 주택 구입 등 개인 생활에서도 중요한 이벤트가 많은 시기이기 때문에, "학업-일-가정"의 세 영역을 어떻게 조율할 것인지가 MBA 생활의 핵심 과제가 된다.

통계청 『2023년 혼인·이혼 통계』에 따르면 남성의 초혼 평균 연령은 34세, 여성은 31.5세다.[22] 이는 MBA 과정을 시작하거나 마치는 시점이 인생의 중대한 결정들과 겹칠 가능성이 높다는 것을 보여준다. 실제 MBA 재학생들이 가장 많이 언급하는 어려움 중 하나가 바로 "시간과 에너지의 균형"이다. 그러나 이러한 도전은 오히려 시간 관리와 우선순위 설정, 협업 능력을 훈련하는 좋은 기회가 되기도 한다.

3) 주니어 시기, MBA 준비 전략

국내 MBA는 일반 MBA, 특수 MBA, 야간/주말 MBA로 나뉘며, 각각의 특징에 따라 본인의 경력 전략과 맞는 형태를 선택할 수 있다. 일반 MBA는 전반적인 경영 지식을 심화하는 데 적합하며, 특수 MBA는 산업별 전문성을 강화할 수 있는 기회를 제공한다. 야간/주말 과정은 실무를 병행하며 학업을 지속할 수 있는 장점이 있다.

학교 선택 시 단순한 랭킹보다는 자신의 커리어 목표와 연계된 커리큘럼의 적합성을 따지는 것이 중요하다. 예를 들어 금융 분야로 진출하고자 한다면 관련 프로그램이 강한 학교를, 창업을 고민한다면 창업 인프라와 네트워크가 잘 구성된 학교를 고려해야 한다. 특히 지원 과정에서 작성하는 자기소개서, 에세이, 인터뷰 준비는 자신을 돌아보고 미래를 설계하는 강력한 계기가 된다. "왜 MBA인가?", "왜 지금인가?", "MBA 이후 무엇을 할 것인가?" 등의 질문에 진지하게 답하면서, 본인의 커리어 나침반을 다시 설정하게 되는 것이다. 입학 전형은 대체로 서류와 면접으로 구성된다. 서류 전형에서는 학업 성적, 경력 연차, 자기소개서의 설득력이 중요하며, 면접에서는 자신의 계획과 동기를 구체적이고 일관성 있게 설명하는 능력이 관건이다.

MBA는 커리어에 대한 진지한 질문에 스스로 답하는 과정이다. 대리급이라는 시점은 생각보다 빠르게 지나간다. 지금 이 시점에서 멈춰 서서 스스로를 점검해 볼 수 있다면, MBA는 커리어의 도약을 위한 유효한 선택이 될 수 있다. 주니어 직장인의 MBA는 불확실성 속에서도 자신만의 답을 만들어가는 여정이다.

2. 리더십과 전문성 사이에서

실무에 대한 자신감은 쌓였지만, 관리와 리더십이라는 새로운 과제 앞에서 다시 한번 성장을 고민하게 된다. 이 시기에 MBA는 단순한 학습이 아니라, 커리어를 다시 설계하는 중요한 전환점이 될 수 있다.

1) 실무 경험 이후, MBA의 의미

회사 생활의 초기 적응기를 지나 중간 관리자로 올라선 과장급 직장인들은 또 한번의 중요한 커리어 분기점에 서게 된다. 이 시기에 MBA는 어떤 의미를 가질까? 경력 5~10년차 과장급 직장인들은 대리급과는 다른 고민을 품고 있다. 특히 한국 기업에서 과장은 실무와 관리 사이에서 균형을 맞춰야 하는 위치다. 국내 대기업 과장급의 평균 연령은 30대 중후반으로, 이 시기에는 팀원보다는 팀을 이끄는 리더 역할이 요구된다. 업무 전문성은 더욱 깊어지지만, 전략적 사고나 부하 직원 관리 등 새로운 역량도 필요해진다. 이미 실무 경험이 충분히 쌓인 상태에서 다시 학교로 돌아가는 것이 실질적으로 도움이 될지 고민하게 된다. 현장에서 쌓은 경험이 때로는 MBA 이론보다 더 가치 있다고 느끼기도 하지만, 다양한 비즈니스 케이스를 접하며 자신의 경험을 재정리하고 개념화할 수 있다는 점에서 MBA의 가치는 여전히 유효하다.

MBA를 통해 실무에서 느끼던 한계를 돌파할 수 있다. 특히 다양한 산업과 글로벌 시장에 대한 이해를 넓히고, 자신만의 경영적 사고 프레임을 구축할 수 있다는 점은 단순한 학위 이상의 의미를 가진다. 경력 중반기에 들어서면서 '나만의 경쟁력'을 만들어야 할 시기, MBA는 깊이 있는 경영 지식과 새로운 시야를 동시에 제공한다.

2) 리더십 강화와 네트워크 확장

과장급 직장인들이 MBA 과정에서 겪는 독특한 도전 중 하나는 심리적 적응이다. 이미 조직 내에서 일정한 권한과 책임을 가진 상태에서 다시 학생의 위치로 돌아가는 것은 쉬운 일이 아니다. 더 젊고 경력이 적은 동기들과 함께 공부할 때는 자신의 경험과 지식을 적절히 공유하는 균형 감각이 필요하다.

차장으로의 승진은 많은 기업에서 중요한 전환점으로 여겨진다. 이 시기에는 상당수의 직장인이 '유리 천장'을 경험하기도 한다. MBA는 이러한 장벽을 극복하고, 상위 관리자로 도약할 수 있는 전략적 선택이 될 수 있다. 리더십 교육과 체계적인 경영 지식을 통해 자신의 역량을 입증하고 확장할 기회를 제공한다.

특히 국내 MBA 프로그램은 디지털 전환, 데이터 분석, ESG 경영 등 최신 트렌드를 반영하며, 다양한 배경과 경험을 가진 사람들과의 교류를 통해 정치적 역량과 협상 능력을 키울 수 있는 환경을 제공한다. 팀 프로젝트와 케이스 토론을 통해 다양한 의견을 조율하고 협력하는 과정은 현실 세계의 조직 정치 감각을 기르는 데도 도움이 된다. 또한 강력한 동문 네트워크는 조직 내부뿐만 아니라 외부 기회를 모색하는 데에도 중요한 역할을 한다. MBA 동문 커뮤니티를 통해 다양한 업계 인사이트를 얻고, 경력 전환이나 프로젝트 협력 기회를 만드는 것도 이 시기에 매우 유의미한 자산이 된다.

MBA를 통한 네트워크는 단순한 인맥을 넘어, 향후 커리어에서 중요한 비즈니스 파트너나 조언자가 될 수도 있다. 과장급 직장인이 이 시점에서 만나는 사람들은 앞으로 10년, 20년 후에도 서로에게 귀중한 자산이 될 수 있다.

3) 업무·학업·가정의 병행 전략

이 시기의 직장인들은 업무에서의 책임 증가뿐만 아니라 개인 생활에서도 중요한 전환점들이 겹친다. 결혼, 육아, 주택 마련 등 개인적인 삶의 변화가 커지는 시기이기도 하다. 따라서 MBA를 선택할 때는 업무, 학업, 가정을 어떻게 병행할 것인지에 대한 현실적인 전략이 필요하다. 풀타임 MBA는 집중 학습이 가능하지만 경력 단절의 위험이 있고, 파트타임 MBA는 경력을 유지하면서 학습할 수 있지만 시간과 에너지의 분산이라는 부담을 감수해야 한다. 특히 과장급 직장인들은 현실적인 이유로 파트타임 MBA를 선호하는 경향이 있다.

파트타임 MBA를 선택할 경우, 체력 관리와 시간 관리가 필수다. 매주 야간과 주말을 학업에 투자해야 하며, 직장에서는 주어진 업무를 그대로 수행해야 한다. 이는 곧 이중 부담을 의미하며, 장기 레이스를 완주하기 위해서는 꾸준한 자기 관리와 명확한 우선순위 설정이 필요하다.

과장급이 MBA를 가장 효과적으로 활용하려면, 단순히 승진이나 스펙을 위한 수단이 아니라 역량 개발과 시야 확장을 목적으로 삼는 것이 좋다. MBA에서 배우는 내용을 실무에 적극적으로 연결해 업무 혁신이나 새로운 비즈니스 기회를 창출하고, 졸업 이후에도 네트워크를 지속적으로 관리하는 노력이 필요하다. MBA 과정 중에는 학습한 이론과 실무 현장을 연결하는 프로젝트 기반 학습이나 인턴십 기회를 적극 활용해야 한다. 이 과정을 통해 얻은 통찰과 경험은 이후 커리어 전환이나 리더십 발휘에 있어 확실한 차별점이 될 수 있다.

궁극적으로 과장급의 MBA는 쌓아온 전문성과 경험 위에 더 높은 수준의 리더십과 전략적 사고를 추가하는 과정이다. 자신의 강점과 약점을 명확히 이해하고 이를 체계적으로 발전시킨다면, MBA는 더 큰 성장과 성취를 위한 강력한 발판이 될 수 있다.

3. 경험을 넘어서 새로운 도약으로

수십 년간 달려온 커리어 여정이 어느덧 정점을 향해가고 있을 때, 사람은 누구나 다시 한번 자신에게 질문을 던지게 된다. '지금 이 자리에서 멈출 것인가, 아니면 다시 도약할 것인가?' 바로 이 시점에 MBA는 단순한 선택지를 넘어, 새로운 가능성의 문을 열어주는 열쇠가 될 수 있다.

1) 임원 승진과 제2의 커리어를 향해

수년간 쌓아온 실적과 경험이 조직 내에서 무게감을 가지기 시작할 때, 시니어 직장인은 또 다른 갈림길에 선다. 한편으로는 지금까지의 커리어를 완성해야 하고, 다른 한편으로는 제2의 인생을 준비해야 한다. 이 시점에서 MBA는 경험을 체계화하고 새로운 기회를 여는 강력한 도구가 될 수 있다.

부장급 직장인은 대개 15년 이상의 경력을 갖고 있으며, 조직 내에서 핵심 의사결정과 책임을 맡는다. 40대 중후반 이후가 일반적인 연령대이며, 이 시점에서는 전문가로서의 입지와 조직 내 네트워크가 이미 탄탄하게 자리 잡혀 있다. 다양한 프로젝트를 이끌었고, 위기 상황에서 조직을 지켜낸 경험도 있을 것이다. 하지만 동시에, 시장은 변하고 조직의 요구도 변한다. 과거의 성공이 현재의 경쟁력을 보장해주지 않는다는 것을 누구보다 잘 아는 것도 이 시기의 직장인이다. 이들이 MBA를 고민하는 이유는 크게 세 가지로 볼 수 있다. 첫째, 임원 승진을 위한 자격 요건을 충족하기 위해서다. 기업마다 다르지만, 일정 규모 이상의 조직에서는 MBA 이수 여부가 임원 승진 심사에서 중요한 요소로 작용하기도 한다. 둘째, 빠르게 변하는 경영 환경 속에서 지식과 사고방식을 최신으로 유지하기 위해서다. 디지털 트랜스포메이션, ESG 경영, 글로벌 경제의 변화는 기존 경영 패러다임을 빠르게 바꿔놓고 있다. 셋째, 향후 독립이나 제2의 커리어를 준비하기 위해서다. 은퇴 이후의 삶을 설계하는 데 있어 MBA는 든든한 기반이 될 수 있다.

MBA는 기존 실무 경험을 이론적 틀 안에서 재정리하고 확장하는 기회를 제공한다. 이미 다양한 현장을 경험한 이들에게 MBA는 '새로운 지식을 얻는 과정'이라기보다는 '자신의 경험을 구조화하고 업그레이드하는 과정'에 가깝다. 강의나 케이스 스터디에서 얻는 인사이트를 보다 깊이 있게 이해하고, 실질적 전략으로 연결할 수 있는 능력을 갖춘다. 수업과 팀 프로젝트에서도 경험 기반의 현실적인 통찰을 제공하며 중요한 역할을 한다.

2) 실무 경험 체계화와 최신 트렌드 학습

많은 시니어 직장인들은 MBA를 통해 '커리어 천장'을 넘어 임원 승진을 준비하고자 한다. 임원은 단순한 직급이 아니라 조직의 전략, 방향성, 문화에 영향을 미치는 자리다. 이를 위해서는 기존의 업무 능력 외에도 전략적 사고력, 변화관리 역량, 통합적 리더십이 요구된다. MBA는 이러한 능력을 체계적으로 개발하고 검증받을 수 있는 장이 된다. 특히 디지털 전환, ESG, 데이터 분석 등 변화하는 비즈니스 트렌드를 반영한 프로그램은 부장급에 적합하다. 현대 비즈니스 환경은 과거와 다르게 유연성과 속도, 글로벌 감각을 동시에 요구한다. 지속적인 지식 갱신 없이는 조직 내 입지도, 시장 내 경쟁력도 유지하기 어렵다.

MBA 과정 중 디지털 기술 변화나 글로벌 비즈니스 트렌드에 대한 학습은 세대 간 격차를 해소하고 새로운 경영 감각을 키우는 데 실질적인 도움을 준다. 단순히 기존 경험을 보완하는 것을 넘어, 새로운 시대의 리더로서 갖춰야 할 역량을 다시 세팅하는 계기가 될 수 있다. 조직 내에서는 멘토 역할을 수행해야 할 위치에 있는 부장급 직장인에게, 조직 행동, 코칭, 리더십 개발 과목은 후배 양성과 조직 변화 이끌기에 필수적이다. 단순한 관리자가 아니라, 사람을 성장시키고 조직을 혁신하는 리더로 거듭나기 위해 MBA는 강력한 훈련장이 되는 것이다.

3) 전략적 MBA 선택과 적용

시니어 직장인이 MBA를 고려할 때는 현실적인 조건을 냉정하게 점검해야 한다. 정년이 가까운 시점이라면 전통적 풀타임 MBA보다는 이그제큐티브 MBA(EMBA)나 최고경영자 과정(AMP)처럼 기간이 짧고 실용적인 파트타임 과정을 선택하는 것이 일반적이다. 하지만 명문 프로그램을 목표로 하되, '어디를 가느냐'보다 '어떻게 활용하느냐'가 더 중요하다는 점을 잊지 말아야 한다. 단순히 학위를 취득하는 데 그치지 않고, 학습한 내용을 실제 조직 내 변화로 연결하는 자세가 필요하다. 새로운 전략이나 기법을 조직에 적용해 실질적인 성과를 만들어야 MBA의 가치를 증명할 수 있다. 작은 프로젝트 하나라도 실험하고 결과를 만들어 내는 과정이, 시니어 직장인의 진짜 경쟁력이 된다.

이 시기에 쌓은 동문 네트워크는 단순한 인맥을 넘어, 향후 컨설팅, 창업, 협업 등 다양한 경로를 여는 기반이 된다. 단순한 친목을 넘어, 실질적인 비즈니스 파트너십으로 발전할 수 있는 관계 구축이 중요하다. 다양한 산업군의 중견 리더들과의 교류는 자신이 미처 보지 못했던 기회를 발견하게 만든다.

 제2의 커리어를 준비하는 부장급 직장인에게, MBA는 단순한 마무리가 아닌 새로운 시작의 열쇠가 될 수 있다. 교육과 컨설팅, 스타트업, 투자, 사회적 기업 활동 등 다양한 길이 열려 있으며, 이 모든 길을 열 수 있는 기반은 결국 지금 이 순간의 선택과 준비에 달려 있다.

 MBA는 경험의 업그레이드다. 이미 충분한 실력을 갖춘 시니어 직장인이 새로운 시대에 맞는 사고방식과 리더십을 갖추고, 조직을 이끌거나 스스로의 길을 개척하는 데 필요한 체계적 준비 과정이다. 변화는 두려운 것이 아니라, 다음 단계를 위한 초대장이다. MBA는 그 초대장에 응답하는 가장 적극적인 방식이 될 수 있다.

4. 고민의 끝에서 – 모든 길은 결국 어딘가로 통한다

 어느 시점에선, 고민 자체가 하나의 성장이라는 걸 깨닫게 된다. 커리어의 초입이든, 중간이든, 정점이든 우리는 늘 '지금보다 더 나은 나'를 꿈꾸며 다음 단계를 고민한다. MBA를 향한 질문도 다르지 않다. 누군가는 불안해서 시작하고, 누군가는 확신을 얻기 위해 도전하며, 또 누군가는 새로운 문을 열기 위한 길을 찾는다. 하지만 그 출발선이 어디였든, 결국 중요한 것은 '무엇을 얻고자 하는가'에 대한 명확한 답을 가지고 있느냐는 것이다. MBA는 정답이 아니다. 다만, 자신이 원하는 방향을 향해 나아가기 위해 필요한 도구일 뿐이다. 이 장에서는 이제까지의 고민을 하나로 묶어, MBA라는 여정이 어떤 의미를 가지는지 그리고 그 길을 선택하는 우리가 어떤 마음가짐을 가져야 하는지 이야기해 보고자 한다.

1) MBA는 수단이다, 목적이 아니다

어느 순간 우리는 고민은 끝나지 않는다는 것을 깨닫게 된다. 대리 시절의 첫 출발부터, 과장으로서의 리더십 고민, 부장으로서의 새로운 도약까지, MBA를 둘러싼 고민은 직급이나 나이에 따라 달라질 뿐, 본질적으로는 "나는 앞으로 어떤 길을 걸을 것인가?"라는 하나의 질문으로 귀결된다.

처음에는 단순히 생존을 위해, 더 좋은 커리어를 위해 고민했을지도 모른다. 하지만 시간이 흐르고, 경력이 쌓일수록 고민의 깊이도 달라진다. 단순한 직급 상승을 넘어, 어떤 사람이 되어야 하는지, 어떤 영향력을 발휘할 것인지에 대한 질문으로 확장된다.

MBA는 그 질문에 대한 유일한 답이 될 수는 없다. 그러나 확실한 것은 있다. MBA를 고민하는 그 자체가, 이미 성장의 시작이라는 것이다. 고민이 있다는 것은 멈추지 않겠다는 의지이며, 더 나은 미래를 향한 열망의 증거다. 이제 중요한 것은, 그 고민을 어떻게 구체화하고, 어떤 실행으로 이어가느냐다. 고민이 길어질수록 발걸음을 떼는 것이 두려워질 수 있다. 그러나 그 고민을 넘어서는 순간, 길은 비로소 보이기 시작한다. 각자의 출발선은 다를지라도, 결국 모든 길은 어딘가로 통한다. 그리고 그 길 위에 서 있는 당신의 발걸음이야말로, 가장 중요한 시작이다.

2) 내게 맞는 타이밍과 목표 설정

무엇보다 MBA는 목적이 아닌 수단이라는 점을 명확히 인식해야 한다. MBA 자체가 커리어 성공을 보장하지는 않으며, 무엇을 얻고자 하는지 분명하고 구체적인 목표를 먼저 설정하는 것이 중요하다. '커리어 발전'이나 '좋은 기회'처럼 추상적인 표현보다는, 예를 들어

'디지털 마케팅으로 전문성을 확장하고 싶다', '재무에서 투자 관리로 전환하고 싶다'처럼 직무, 분야, 시간 계획이 명확한 목표가 효과적이다. 이러한 구체성은 프로그램 선택부터 과목 구성, 네트워킹 방식까지 일관된 전략을 수립하고 실행하는 것을 가능하게 한다.

MBA 진학의 타이밍에는 정답이 없다. 각자의 경력 단계와 산업군에 따라 MBA의 의미는 달라진다. 경력 초기에는 시야 확장과 커리어 전환의 기회로, 중간 관리자 시기에는 리더십 강화와 전문성 심화의 기회로, 경력 후반기에는 지식 갱신과 제2의 인생 설계의 발판으로 활용될 수 있다. 자신의 커리어 목표와 현재 위치, 산업의 특성을 종합적으로 고려해 판단하는 것이 현명하다. 특히 업계별 관행을 살펴보면, 국내 금융권이나 대기업 지원 부문은 경력 초기에 MBA를 이수한 이력을 높게 평가하는 반면, IT 업계나 스타트업은 실무 능력을 더 중시하는 경향이 있다. 또한 일부 기업은 MBA 이수자에게 승진 가산점을 부여하거나 사내 커리어 전환 기회를 제공하는 반면, 실적 중심 기업에서는 실무성과가 핵심 평가 요소가 될 수 있다.

MBA의 가치는 단지 연봉 상승으로만 판단해서는 부족하다. 그 안에는 시야 확장, 문제 해결력 향상, 자신감, 인맥 형성 등 무형 자산이 존재한다. 특히 MBA는 이전에는 진입이 어려웠던 산업, 직무로 진출할 수 있는 '기회의 문'을 열어준다. 예를 들어 기술직 출신이 경영컨설팅, 제품기획 등 전략 부서로 이동하는 데 있어 강력한 촉매제가 될 수 있는 것처럼 프로그램 선택 시에도 커리큘럼, 교수진, 수업 방식, 동문 네트워크, 산학협력 여부 등을 종합적으로 고려해야 한다. 무엇보다 중요한 것은 자신의 목표와 프로그램의 강점이 얼마나 일치하느냐이다.

3) 졸업 이후의 실천과 성장

MBA의 경제적 부담도 무시할 수 없다. 국내 MBA 평균 학비는 연 2,000만~2,500만 원 수준이며, 여기에 기회비용까지 더해지면 총 투자비는 더욱 커진다. 따라서 장학금, 기업지원, 학자금 대출 등 현실적 재정 계획이 선행되어야 한다. 단지 학습에서 그치는 것이 아니라, 배운 내용을 실제 업무에 적용하고 그 변화를 이끌어 내는 노력이 진정한 MBA의 가치를 만든다. 많은 졸업생이 MBA에서 배운 것들을 '적용할 기회가 없었다'고 말하는 이유는 전략적 실천이 부족했기 때문일 수도 있다. 팀 프로젝트, 케이스 스터디, 인턴십 등 실무에 가까운 기회를 최대한 활용하고, 졸업 후에도 업무와 연계된 학습을 지속하는 태도가 필요하다.

MBA와 개인 생활의 균형 역시 중요하다. 자녀 교육, 부모 부양 등 다양한 가족 책임과 병행해야 하는 상황에서 MBA 과정을 성공적으로 마치기 위해서는 가족과의 충분한 사전 논의와 역할 조정이 필수적이다. 재정 계획, 시간 사용 계획을 함께 세우고, 지속적인 소통을 통해 갈등을 줄이고 지지를 얻는 것이 중요하다. 정신적 건강도 결코 간과해서는 안 된다. 경쟁, 과제, 시간 압박 등 MBA 과정은 예상했던 것보다 더 많은 스트레스를 동반한다. 건강한 생활 습관과 자기 돌봄 전략을 갖추는 것은 MBA를 끝까지 잘 마치기 위한 필수 조건이다. 네트워크의 지속적 관리와 확장은 MBA의 장기적인 가치를 결정짓는다. 강한 동문 네트워크는 졸업 후에도 다양한 기회와 협력의 기반이 된다. 단순히 '연결된 사람 수'가 아닌, 신뢰와 상호 가치가 형성된 관계를 유지해야 한다. 정기적인 커뮤니케이션, 협업, 멘토링 참여 등을 통해 네트워크는 '살아있는 자산'으로 기능할 수 있다.

입학 준비 단계에서는 사전 조사와 정보 수집이 중요하다. 입학

설명회, 현직생·졸업생 인터뷰, 캠퍼스 투어 등을 통해 프로그램을 면밀히 파악하는 것이 좋고, 기업의 MBA 지원제도와 인정 여부도 미리 확인해 두는 것이 좋다. 지원 서류에서는 '차별화된 자기 이야기'를 만들어야 한다. 단순히 직무 경험이 아닌, 자신의 관점과 목표, 성장 배경을 엮어 스토리로 풀어내는 능력이 중요하다. 자기소개서와 에세이를 충분히 다듬고, 추천서 등 보조 자료도 철저히 준비해야 한다. 과정 중에는 실무와 연계된 학습을 최우선으로 삼고, 성적보다는 실제 활용 가능한 지식과 기술 습득에 집중하는 것이 바람직하다. 케이스 스터디, 프로젝트, 인턴십 등은 실무 연결고리로 적극 활용해야 하며, 관심 산업의 컨퍼런스나 학생 클럽 활동을 통해 업계 흐름을 체감하고 실질 네트워크를 형성하는 것이 중요하다.

MBA는 '도전의 공간'이기도 하다. 익숙한 분야를 넘어 낯선 주제, 새로운 방식에 도전해보는 것은 큰 성장의 기회를 가져온다. MBA는 실패하더라도 다시 시도할 수 있는 비교적 안전한 실험의 장이다.

졸업 후에는 단순한 학위 보유자가 아닌, 지속적으로 배우고 적용하며 성장하는 실천가로 나아가야 한다. 배운 것을 동료와 나누고, 후배를 멘토링하며, 커뮤니티에 기여함으로써 지속 가능한 네트워크와 리더십을 구축할 수 있다.

MBA는 하나의 길일 뿐이며, 그 자체가 정답은 아니다. 중요한 것은 자신의 상황과 목표에 맞는 선택을 하고, 그 선택에 대한 책임과 실행력을 발휘하는 것이다. 과대평가도 과소평가도 아닌, 냉철한 현실 인식과 전략적 활용이 MBA의 진짜 가치를 이끌어 낸다. MBA는 마법의 도구가 아니라, 잘 갈고 닦아야 효과를 발휘하는 칼과 같다. 명확한 목표, 준비된 마음, 꾸준한 실행이 있을 때, 그 칼은 진짜 길을 열 수 있다. 여러분이 어떤 길을 걷든, 그 여정이 풍요롭고 의미 있기를 바란다. 모든 길은 결국 어딘가로 통하며, 그 위를 걷는 당신의 발걸음이 곧 성장이다.

제 4 장

어떻게 준비할 것인가

1. 직장, 가정을 든든한 지지자로 만들라
2. 등록금, 구하면 길은 있다
3. 마인드셋 전환은 필수다
4. 입학 전형 준비 – 일정확인, 서류전형, 면접

Part-time MBA 진학을 결심했다면, 이제는 구체적인 실행 계획이 필요하다.

한정된 시간과 자원을 어떻게 배분할지 그리고 이를 위해 어떤 준비가 필요한지 질문해보자. 학업을 병행할 수 있는 환경을 만들기 위해 주변의 이해와 협조를 어떻게 이끌 것인가? 해외 MBA에 비해 부담은 덜하지만, 국내 MBA 역시 약 5천만 원에 달하는 학비를 고려해야 한다. 이 비용은 어떻게 마련할 수 있을까? 또한 나 자신은 어떻게 준비해야 효율적으로 학업을 이어가고 졸업까지 성과를 극대화할 수 있을까?

이 장에서는 이러한 현실적인 질문들에 대해 함께 고민해 보고, Part-time MBA를 성공적으로 완주하기 위한 구체적인 준비와 전략을 정리해 보고자 한다.

1. 직장, 가정을 든든한 지지자로 만들라

 MBA 과정은 개인의 시간과 에너지를 상당히 요구하는 여정이다. 수업, 과제, 시험뿐 아니라 네트워킹과 소모임 활동까지 포함되므로, 일과 학업을 병행하는 직장인에게 큰 도전이다. 가족과 직장 동료들의 이해와 협조가 없다면 이 과정을 성공적으로 마치기 어려울 수 있다. 중간고사와 과제가 몰리는 4월에는 가족과의 꽃놀이를 포기해야 할 수도 있고, 여름휴가는 본 학기와 계절학기 사이 짧은 기간에 다녀와야 할 가능성이 크다. 회사에서는 야근이나 추가 업무 요청에 소극적으로 대응할 수밖에 없는 상황이 발생할 수도 있다. 이러한 현실 속에서 직장과 가정을 든든한 지지자로 만드는 것은 필수적이다.

 직장과 MBA 학업을 성공적으로 병행하면서 가정을 지키기 위한 가장 중요한 원칙은 '지속 가능한 균형'일 것이다. 학업 성적, 직장 성과, 가족생활 중 어느 하나를 완전히 희생하는 것은 장기적으로 지속 가능하지 않다. 그리고 나 자신을 계속 챙기지 않는 것도 위험한 결과를 낳을 수 있다. 때로는 완벽하지 않더라도 충분히 좋은 결과를 수용하는 유연성이 필요할 수도 있다. MBA는 장기전이므로 주변의 지지와 지원에 감사하며 꾸준히 앞으로 나아갈 수 있는 지속 가능한 페이스를 찾는 것이 중요하다.

1) 직장 상사, 동료의 지지

 파트타임 MBA는 회사 업무와 학업을 병행하는 도전이기 때문에, 직장 내 상사와 동료의 지지를 얻는 것이 학업 지속에 도움이 될 수 있다. 회사에 알리지 않고 MBA를 시작하기도 하지만, 장기적으로는 진학 사실을 공유하는 편이 더 많은 장점을 줄 수 있다. 회사와 열린 소통을 통해 학업에 대한 이해와 배려를 얻을 수 있고, 배운 내용을 실무에 반영하며 상호 시너지를 낼 수도 있기 때문이다.

실제로 초기에는 회사에 진학 사실을 알리지 않다가, 졸업 무렵에는 학업 성과를 활용해 승진이나 부서 이동 등 커리어 전환의 기회를 만드는 경우도 있다. 하지만 몇 년간 홀로 외롭고 바쁜 시간을 보내기보다, 처음부터 직장의 지지를 얻고 역량을 키워가는 것이 더 수월하고 지속 가능한 선택이 될 수 있음을 고려해보자.

직장 상사, 동료의 지지를 이끌어 내기 위한 의사소통 시 아래 몇 가지를 미리 염두에 두면 좋다.

회사를 위한 기여

MBA 과정이 개인의 커리어 관점이 아닌 현재 맡고 있는 업무에 어떻게 기여할 수 있는지 구체적으로 고민해보자. 리더십 역량 강화나 전략적 사고 능력 향상 등은 개인의 업무 성과뿐 아니라 조직의 목표 달성에도 도움을 줄 수 있다. 당장은 직접적인 연관성이 크지 않더라도 재무, 전략, 마케팅, 인사 등의 MBA 커리큘럼은 연차가 높아질수록 업무에 실질적인 도움이 된다. 예를 들어, 영업이나 디자인 부서에 있더라도 조직 전체의 전략과 재무 흐름을 함께 이해할 때 리더로서의 경쟁력을 갖춰 조직에 더 크게 기여할 수 있다.

MBA의 큰 자산 중 하나는 '집단지성'이다. 서로 다른 산업의 경험을 지닌 동기들과의 교류는, 혼자만의 학습으로는 얻기 어려운 폭넓은 통찰을 가능하게 한다. 그리고 이러한 교류는 재학 중은 물론 졸업 후에도 활발하게 이어진다. 이를 통해 최신 시장 동향을 실시간으로 공유하고, 새로운 트렌드를 빠르게 감지하고 해석하는 역량을 지속적으로 키울 수 있다. 이는 실제 업무 의사결정에 도움을 줄 수 있고, 나아가 비즈니스 인사이트로 연결된다.

MBA를 통해 형성한 네트워크는 단순한 교류를 넘어, 실질적인 비즈니스 협력으로 이어지기도 한다. 다양한 산업에 종사하는 원우들이 서로의 회사를 연결해 프로젝트를 추진하며 시너지를 내기도 하고, 새로운 제휴 서비스를 기획해 시장에 출시하는 사례도 종종 볼 수 있다. 이처럼 MBA에서의 배움과 연결은, 개인의 성장뿐 아니라 조직에 실질적인 성과를 만들어 내는 기반이 될 수 있다.

■ 효율적 시간 관리 계획

학업으로 인해 업무 집중도가 떨어지지 않을 수 있음을 명확하게 전달하자. 회사 업무와 병행하는 파트타임 MBA의 경우, 업무 성과를 유지하면서 학업도 성공적으로 수행할 수 있는 스케줄로 미리 계획해 실행하는 것이 중요하다. 예를 들어, 수업이 있는 날에는 30분~1시간 먼저 출근하고, 수업이 없는 날에는 업무 시간 이후에 잔업을 마무리하는 것으로 일정을 조율할 수 있다.

유연근무나 재택근무, 학업에 따른 단축근무가 가능한 회사라면, 이러한 제도를 어떻게 활용할 수 있을지 미리 상사와 구체적으로 상의하는 것이 좋다. 9시 출근-18시 퇴근인 회사라면 수업이 있는 요일에는 8시 출근-17시 퇴근으로 조정해 유연근무 제도를 활용해 볼 수 있을 것이다. 또한, 재택근무를 통해 출퇴근 시간을 줄이고 업무 효율성을 높이는 방식도 고려해 볼 수 있다. 이러한 제도 활용 시에는, 조직의 배려를 요구하기보다 스스로 계획하고 조율하는 자세를 보이는 것이 중요하다. 실질적인 시간 관리 방안을 마련하고 조직과 투명하게 공유한 뒤 계획대로 실행하면 상사와 동료의 신뢰를 얻는 데 도움이 된다.

■ 상사와의 주기적 커뮤니케이션

처음 학업 계획을 공유했을 때는 상사가 긍정적인 반응을 보였더라도, 시간이 지나면서 상황은 조금 달라질 수 있다. 처음의 기대와 다르게, 상사가 학업과 관련한 구체적인 성과나 변화를 느끼지 못한다면, 그 지지는 점차 희미해질 수 있다. 따라서 상사와의 주기적인 커뮤니케이션은 필수다.

회사 업무와 관련한 학업 내용을 공유하는 것도 좋은 방법이다. 예를 들어, 수업을 통해 새롭게 배운 전략 분석 방법이나, 재무 관리 관점에서 얻은 인사이트를 자연스럽게 업무에 접목해보고, 그 과정을 상사에게 설명하는 것이다. 단순한 이론 나열이 아니라, 실제 팀이나 부서에 어떻게 도움이 될 수 있을지를 함께 고민하는 것이 필요하다.

학교 네트워크를 통해 얻은 최신 업계 동향이나 시장 트렌드를 가볍게 공유하는 것도 큰 도움이 된다. 때로는 작은 정보 하나가 팀의 의사결정에 신선한 시각을 불어넣을 수 있다. 실무에 바로 적용 가능한 아이디어를 찾아 상사와 나누는 것은 학업이 실질적인 가치를 만들어 내고 있다는 신호를 주는 방법이 된다.

꾸준한 소통은 상사가 현재 나의 노력을 실제로 공감하게 만들고, 그로 인해 지속적인 지지와 신뢰를 얻을 수 있게 해줄 것이다.

2) 가족 구성원의 지지

MBA 과정은 혼자만의 도전처럼 보일 수 있지만, 실제로 가족 모두가 함께 걸어야 하는 여정이다. 학업 기간 동안 가족은 가장 큰 정서적 지지자가 될 수 있다. 하지만 가족 구성원들이 이 과정을 단순히 개인적인 도전으로만 여긴다면 시간과 비용 모든 측면에서 갈등이 생길 가능성이 높다.

특히 야간 수업과 주말 과제, 팀 프로젝트로 가족과 보내는 시간이 줄어드는 것은 피할 수 없는 현실이다. 이런 변화가 미리 충분히 공유되지 않으면, 예상치 못한 불만과 오해가 쌓일 수 있다. 따라서 학업을 시작하기 전, 가족과의 깊은 대화는 필수다. 이 과정을 통해 무엇을 얻고 싶은지, 왜 지금 이 선택을 해야 하는지 그리고 가족의 삶에도 어떤 긍정적인 변화가 올 수 있을지를 진심을 담아 이야기 할 필요가 있다.

가족의 지지를 이끌어내기 위한 의사소통 시 아래를 고려해 볼 수 있다.

MBA 진학 이유와 목표 공유

가족들에게는 지금 시점에서 MBA에 진학하고자 하는 솔직한 이유와 목표에 대해서 공유하면 더 큰 신뢰를 얻을 수 있다. 현재의 직장 내 상황이 더 이상 성장 가능성이 없는 상태일 수도 있고, 새로운 커리어 전환을 위해 이직이 필요한 시점일 수도 있다. 혹은 오랫동안 품어온 창업의 꿈을 이루기 위한 준비 단계일 수도 있다.

어떤 경우이든, MBA 과정이 개인의 커리어 발전에 그치지 않고 가족의 미래에도 긍정적인 영향을 줄 수 있음을 공유하는 것이 중요하다. 학업을 하면서 더 나은 직업적 기회를 얻게 됨으로써 보다 안정적인 수입을 확보하게 될 수도 있고, 새로운 배움과 경험을 통해 자녀에게 긍정적인 롤모델이 될 수도 있다.

구체적인 계획과 목표를 진솔하게 공유하고 노력하는 모습을 보여준다면, 가족들은 단순한 이해를 넘어 든든한 응원자로 곁에 서 줄 것이다.

재정적인 계획 공유

MBA 진학을 준비하면서 가족과 반드시 공유해야 할 또 하나의 중요한 주제는 바로 재정 계획이다. 가족은 일상을 함께 살아가는 경제적 공동체이다. 등록금, 부대비용, 기회비용까지 고려하면 MBA

는 결코 작은 투자가 아니기에, 이를 함께 계획하고 이해하는 과정이 필요하다.

졸업 후 승진이나 이직을 통해 예상할 수 있는 커리어 상승 효과까지 감안한다면, 장기적인 관점에서 경제적 회수 가능성에 대한 시뮬레이션을 해보는 것도 좋다. 이 과정은 가족과 함께 미래를 설계하는 대화로 이어질 수 있다.

특히 파트타임 MBA를 고려할 경우, 가장 큰 비용 부담은 등록금이다. 다음 장에서는 이 등록금 문제를 어떻게 현실적으로 준비할 수 있을지, 몇 가지 참고할 만한 방법을 함께 소개할 예정이다. 재정 계획을 세우는 과정부터 가족과 함께 고민하고 논의하는 것, 그것이 MBA 여정을 보다 안정적이고 지속 가능하게 만드는 출발점이 될 것이다.

Family time 설정

MBA 학업과 업무를 병행하는 동안에도 가족과의 시간을 소홀히 하지 않는 것은 생각보다 중요하다. 가족을 설득하고 지지를 얻기 위해서는 말로만 이해를 구하는 것이 아니라, 함께하는 시간을 실제로 만들어 내야 한다. 이를 위해서는 학교를 다니면서도 가족과 꼭 함께 보낼 수 있는 Family time을 할애해 두는 것을 추천한다. 회사와 학교 일정으로 평일이 어렵다면, 주말 중 하루의 오전 시간이 될 수도 있고 저녁 시간이 될 수도 있다. 짧은 시간이라도 그 시간을 진심으로 함께 보내는 것이 중요하며, 더 의미있게 만들기 위해 계획하고 노력해야 한다. 학교에는 비슷한 또래의 가족 구성원을 가진 원우들이 있어서 각자의 가족과의 경험을 공유하는 경우가 많다. 다른 가정들이 주말에 무엇을 했는지, 어린 아이들과 특정 장소에 갔는데 어떠했는지 등을 공유하면서 생활의 소소한 부분에서도 서로에게 도움을 주고받는다. 작은 시간을 꾸준히 쌓아가는 정성이 가족에게는 큰 신뢰로 다가올 것이다.

■ 지속적인 감사 표현

MBA 과정을 병행하는 동안, 가장 크게 희생하는 사람은 의외로 학업을 직접하지 않는 가족일지도 모른다. 특히 배우자 중 한 명이 야간 석사를 하는 중에는 다른 한 명의 가정에 대한 희생이 더 필요한 경우가 많다. 눈에 보이지 않는 노력과 배려는 시간이 갈수록 당연한 것으로 여겨지기 쉽지만, 그래서 더더욱 의식적으로 감사의 마음을 표현하는 것이 필요하다.

진심 어린 말 한마디, 센스 있는 작은 선물 하나가 지친 일상 속에서 큰 위로가 된다. '고맙다', '힘들지?' 같은 짧은 표현이지만, 그 안에 담긴 마음은 상대방에게 오래도록 남는다. 꾸준히 감사함을 표현하는 습관은, 가족의 지속적인 지지를 이끌어 내는 데 있어 무엇보다 큰 힘이 된다.

직장과 가정의 지지는 단순히 학업을 원활히 진행하도록 돕는 것을 넘어, 개인의 스트레스를 줄이는 데 크게 기여한다. 직장에서 동료들과 상사의 협조를 얻으면 업무 효율성을 유지하면서도 학업에 집중할 수 있다. 또 가족의 이해와 응원은 어려운 순간에도 포기하지 않도록 힘이 될 수 있다. 결국 이러한 지지는 MBA 과정을 성공적으로 마치는 데 필수적인 요소이며, 나아가 졸업 후 커리어 발전에도 중요한 기반이 될 것이다.

[가족과 회사를 지지자로 만든 사례 - 김상명]

MBA 입학을 준비할 때, 나는 싱글이었기 때문에 설득해야 할 가족에 대한 부담은 상대적으로 적었다. 다만 부모님은 첫째 딸이 결혼 상대를 찾고 데이트에 시간을 쏟기를 바라는 마음이 컸기에, 학업을 선택하는 과정에서 설득이 필요했다. 평소 회사 생활에 대해 속마음을 잘 드러내지 않았지만, 이때는 기존과 다른 업무를 맡고 싶었음에도 사내에서 기회를 잡지 못했던 아쉬운 경험을 솔직히 털어놓았다. 직무 전환에 대한 바람을 이야기하자 부모님도 공감해주셨고, 학교에서 함께 공부하면서 좋은 인연을 만날 수도 있다는 가능성도 말씀드리며 결국 설득할 수 있었다.

   막상 학교 생활을 시작한 후에는, 새벽까지 바쁜 일정을 이어가면서도 기쁘게 꿈을 향해 나아가는 나를 보며 부모님은 이 여정의 든든한 응원자가 되어 주셨다. 그리고 뜻밖의 기회로 새로운 인연을 만났다. 재무사례분석, 투자분석 같은 수업을 듣던 시기, 유사한 분야에 종사하던 그와는 자연스럽게 다양한 대화를 나누며 교감을 넓힐 수 있었다. 예상하지 못한 부분에서도 학업은 나에게 도움을 주었다. 결국 2학년 때 결혼하고 만삭의 몸으로 졸업했다. 돌이켜보면 인생의 중요한 시기에 자기개발을 선택하면서 무언가를 포기했다고 생각할 필요는 없었다. 오히려 학업의 결정이 삶을 더 내가 원하던 방향으로 이끌었다.

   MBA에 지원하고 면접을 볼 때, 진학 여부를 직장에 알리지 않고 학업을 마친 후에 공유할 생각이었다. 학교를 다닌다는 것이 곧 이직을 고려하고 있다는 인상을 줄 수 있고, 하루 24시간을 업무에만 전념하지 않는 모습이 상사에게 부정적인 이미지를 줄 수 있다고 생각했기 때문이다. 동료와 후배들에게도 야근이나 협업 등에서 피해를 줄 수 있다는 생각에 조심스러웠다.

   첫 학기 동안 나는 철저히 업무를 우선으로 두었다. 야근을 해야 하는 상황이 있으면 수업을 포기했고, 동기들의 필기를 참고하거나 가능한 경우에는 온라인 강의로 학습을 보완했다. 회사에 학업 사실을 알리지 않았기 때문에 이해를 기대할 수도 없었고 오히려 더욱 열심히 일하며 부족한 시간 속에서 공부를 병행했다. 그러나 한 학기가 지나면서 일주일에 2~3번은 정시 퇴근이 필요한 상황이 되었고, 직속 상사와의 의사소통은 피할 수 없었다. 그러던 중 팀장님과의 1:1 티타임 자리에서 자연스럽게 개인적인 이야기를 나누게 되었고 조심스럽게 말을 꺼냈다.

"팀장님, 제가 회사에서 사업의 크고 작은 의사결정에 대해 더 잘 이해하고 그 방향성에 맞추어 업무하고 싶은데, 막상 하던 대로만 일을 하게 되더라구요. 대학 졸업 후 10년이 넘었고 새로운 배움도 필요한 상황이라고 판단해 야간 대학원에 다니고 있습니다. 말씀드리는 이유는 업무에 대해 배려받기 위함이 아니라, 제 삶의 변화를 공유하고 싶어서입니다. 특별히 근무시간 조정을 요청드리는 것도 아닙니다. 다만 학업에서 얻은 내용을 업무에 적용할 수 있다면 적극적으로 시도해 보고 싶습니다."

알고 보니 팀장님 본인도 중간관리자 시절 야간 석사 과정을 밟았고, 그 경험이 리프레시의 기회였으며 실제 업무에 도움이 되었다고 했다. 그리고선 꺼내 보시던 학습 자료를 선뜻 공유하며 학업을 응원해 주셨다. 그 후 팀장님은 퇴근 시간이 되면 다른 팀원들 눈에 띄지 않게 메신저로 먼저 퇴근을 권하기도 하셨고, 시험 당일에 연차를 쓰고 공부를 하려는 나의 상황도 배려해 주셨다. 몇 달 후 내가 원하는 부서에 자리가 생겼을 때, 해당 포지션에 나를 추천하셨고 새로운 업무 기회를 얻게 되었다.

매 순간이 쉽지만은 않았고 체력의 한계와 스트레스로 포기하고 싶은 순간도 있었다. 하지만 가족과 직장 상사의 지지가 있었기에 MBA 과정을 끝까지 완주할 수 있었다. 새로운 도전을 앞두고 주변의 설득이 고민된다면, 진솔하게 이야기를 나누고 응원받는 것이 때로는 힘들고 긴 여정을 끝까지 이어갈 수 있게 해주는 힘이 된다고 전하고 싶다.

2. 등록금, 구하면 길은 있다

 국내 MBA는 해외 MBA에 비해 생활비에 대한 부담이 적고 등록금이 합리적인 편이지만, 그래도 졸업까지 약 4,000만 원에서 6,000만 원 수준의 등록금은 직장인에게 적지 않은 금액이다. 더군다나 국내 Part-time MBA의 수료 자체가 직접적으로 연봉 인상이나 승진 혹은 성공적인 미래를 보장하지도 않는다. 따라서 졸업 후 있을 변화뿐 아니라, 그 시간 동안 내가 다른 것을 했을 경우 얻을 수 있는 기회비용과도 신중하게 비교해 보는 것이 필요하다.

 우선 재정 부담을 덜 수 있는 방법부터 하나씩 찾아보자. 회사의 교육 지원 프로그램, 국가 장학금, 혹은 학교별 장학제도 등 다양한 방법이 있다. 만약 외부 지원 없이 자비로 공부해야 한다면, 학자금 대출, 등록금 분할 납부 제도 활용 등 현실적인 계획을 세워야 한다. 등록금이 부담스러운 것은 사실이지만, 길은 분명히 있다. 아래에서는 대표적인 몇 가지 재정 지원 방안을 소개하고자 한다.

1) 회사 지원

 먼저 확인해야 할 좋은 옵션은 재직 중인 회사 교육 지원의 기회를 잡는 것이다. 사내에 MBA 과정을 마친 선배가 있다면 조심스럽게 사례를 물어보는 것도 좋고, 인사팀 교육 담당자에게 석사 진행 시의 사내 지원제도를 직접 확인해 볼 수도 있다.

 다만 이 과정에서 꼭 필요한 최소한의 사람에게만 조용히 알아보는 것이 좋다. 여기저기 이야기를 꺼내어, 업무 외 활동에 관심을 가지고 있는 것을 티낼 필요가 없을 뿐만 아니라 사내에서 경쟁자를 늘릴 필요도 없다. 내가 먼저 좋은 사례가 되고 향후 자기개발에 관심을 보이는 후배에게 그 길을 알려주자.

2) 학교 장학금

MBA 과정은 일반 석사 과정과는 성격이 다르지만, 그렇다고 해서 장학금의 기회가 없는 것은 아니다. 오히려 많은 학교들이 MBA 재학생을 대상으로 다양한 형태의 장학 프로그램을 운영하고 있다. 학교별로 세부 조건과 지원 금액에는 차이가 있지만, 성적 우수자를 대상으로 하는 학기별 부분 장학금이나 전액 장학금은 대부분 마련되어 있다. MBA는 학문적 성취만큼이나 네트워킹과 커뮤니티 활동을 중시하는 과정이다. 이 때문에 학교 생활에 적극적으로 기여하는 학생들에게도 장학금의 기회가 주어진다. 예를 들어, 원우회나 동아리 활동에서 임원진으로 참여해 학교 커뮤니티를 활성화하는 데 기여하면, 학비의 일부를 장학금 형태로 지원받을 수 있다. 처음에는 학업에만 집중할 생각이더라도, 이런 기회를 미리 알고 준비한다면, 학비 부담을 덜면서 동시에 학교 생활을 더욱 풍성하게 만들 수 있다. 장학금은 단순히 경제적 혜택을 넘어, 학업과 커뮤니티 활동 모두에 대한 헌신을 인정받는 하나의 방식이기도 하다. MBA 생활을 시작할 때, 조용히 꼼꼼하게 이런 지원 제도들을 챙겨보자.

3) 학자금 대출

자비로 진학을 한다고 해서 학기마다 모든 등록금을 일시불로 내야 하는 것은 아니다. 시중 은행 이자율에 비해 상대적으로 저렴한 이자의 학자금 대출 기회가 있다. 예를 들어, 한국장학재단에서는 2025년 6월 기준으로 학기별 1.7% 고정금리로 학자금 대출을 지원하고 있다. 물론 금리는 상황에 따라 변동될 수 있지만, 여전히 일반 대출 상품에 비하면 훨씬 유리한 조건이다.

학자금 대출의 범위는 등록금에만 한정되어 있지 않고, 필요한 경우 생활비까지 선택하여 받을 수 있다. 생활비는 학기당 200만 원 한도로 신청할 수 있어, 공부와 일을 병행하는 동안 예상치 못한 지출을 대비하는 데 도움이 된다. 상환 조건도 비교적 유연하다. 최대 10년간 거치 기간을 설정할 수 있고, 이후 최장 10년에 걸쳐 원리금을 분할 상환할 수 있어, 장기적인 재정 계획을 세우기에 부담이 적다. 무엇보다 시중 은행 대출과 달리, 학자금 대출은 중도상환 수수료가 부과되지 않는다는 점도 큰 장점이다. 여유가 생기는 대로 조기 상환할 수 있어, 재정적 부담을 능동적으로 관리할 수 있다.

학자금 대출은 장기적인 관점에서 학업과 재정을 균형 있게 관리할 수 있도록 도와주는 유용한 수단이다. 꼼꼼히 조건을 확인하고 상황에 따라 현명하게 활용해 보자.

[Tip. 교육비에 대한 연말정산 세액 공제]

직장인의 경우 본인 교육비에 대해서 연말정산 시 세액을 공제받을 수 있다. 공제 대상에는 등록금, 입학금, 학자금 대출 원리금 상환액 등이 포함되며, 본인 교육비이기 때문에 한도 없이 지출한 교육비의 15%를 세액에서 공제받을 수 있다. 예를 들면, 직장인이 한 해 1,600만 원의 본인 등록금을 그 해에 지불했다면 15%인 240만 원의 세액을 공제받을 수 있다. 단, 학자금 대출을 받았다면 재직 중의 원리금 상환시점에 세액 공제를 받을 수 있다.

등록금이 '비용'인지 혹은 '투자'인지에 대해 고민한다면 여러 관점이 있을 수 있음을 조언하고 싶다. 2020년 KAIST MBA 입학설명회에서 PMBA 책임교수는 아래와 같이 이야기했다.

"여러분, 외제차 구매하려면 5,000만 원 정도 필요하죠? 그런데 그 차를 2년 정도 사용한 후 팔려고 하면 얼마 정도 받을 수 있나요? 구매 직후부터 감가상각이 시작되는데 3년 후에는 아마 절반 가격 밖에 받지 못할 거예요. 우리 MBA 프로그램의 등록금이 졸업까지 5,000만 원이 조금 안되게 드는데 3년 후, 10년 후 그 가치는 어떨 것 같나요? 물건의 감가상각과는 달리 시간이 지나도 그 가치는 점점 더 커질 겁니다."

이러한 관점은 많은 MBA 졸업생들의 경험을 통해 뒷받침된다. 일부 졸업생들은 등록금 이상의 경제적 가치를 MBA 과정 중이나 이후에 실현했다고 평가한다. 예를 들어, 재무, 투자, 데이터 분석 등 실질적인 업무 역량을 키운 덕분에 승진이나 이직을 하여 연봉 인상 효과를 체감하거나, 혹은 창업·사업 확장을 통해 새로운 수익원을 확보하는 경우가 있다. 물론 모든 이가 동일한 결과를 얻는 것은 아니지만, "등록금은 단순한 비용이 아니라, 커리어를 가속화하고 미래 가능성을 확장하는 투자"라는 인식은 상당히 보편적이다. 특히, 학위 자체보다 문제를 보는 관점과 사고방식의 전환은 시간이 갈수록 그 가치를 더해주는 무형 자산이 된다.

아래 KAIST 경영대학 투자동아리의 한 원우의 인터뷰 내용도 그 비용과 투자 사이의 고민에 도움이 되길 바란다.

"저는 회사 지원으로 학교에 입학하지 않았지만 제 돈으로 등록금을 냈다고 생각하지는 않아요. 왜냐면 전 학교에 다니는 3년 동안 학교에서 배운 재무 관련 수업과 동아리 세미나 등을 통한 깨달음으로 등록금의 두 배 수준을 벌었거든요. 오히려 저는 돈을 버는 방법을 배우기 위해 학교에 왔다고 생각해요."

MBA 진학을 고민하는 과정에서, '회사의 지원을 받을 수 있을까?'

를 먼저 떠올리는 경우도 많다. 실제로 일부 대기업과 금융권에서는 일정 요건을 충족한 직원에게 MBA 등록금의 일부 또는 전액을 지원하는 제도를 운영하고 있다. 그러나 현실은 기대만큼 녹록지 않다. 기업 지원을 받기 위해서는 보통 수년간 우수한 인사고과를 유지해야 하고, 지원 가능한 학교나 과정도 회사가 정한 범위 내로 제한되는 경우가 많다. 더구나 최근 몇 년간은 경영환경 변화와 인력 구조조정 등의 영향으로 MBA 지원 프로그램 자체가 축소되거나 중단된 사례도 적지 않다. 실질적으로 회사 지원을 받아 MBA에 진학하는 사례는 점차 줄어드는 추세다. 기업 지원을 받은 경우 졸업 후 일정 기간 의무 근속 조건이 부과되기도 하며, 학업 기간 중 업무 병행이나 회사 프로젝트 참여를 요구받는 등 제약이 따를 수 있다. 따라서 자비로 학업을 준비하는 현실적 시나리오를 먼저 세워두는 것도 좋은 방법이 될 수 있다. 학자금 대출, 등록금 분할 납부 제도 등을 적극 활용하는 방안도 함께 검토할 필요가 있다.

MBA 등록금은 한 번에 감당하기 어려운 경우가 많다. 이에 따라 다수의 MBA 프로그램에서는 학기별로 등록금을 분할 납부할 수 있는 제도를 운영하고 있다. 예를 들어, 한 학기 등록금을 3~5회로 나누어 납부하는 방식으로, 목돈 부담을 줄이는 동시에 학업을 이어갈 수 있도록 돕는다.

위에서 언급했듯이 학자금 대출 프로그램을 통해 등록금을 마련하는 것도 하나의 현실적인 대안이 된다. 일정한 요건을 충족하면 학업 기간 중 원리금 상환을 유예받을 수 있으며, 졸업 후 일정 기간에 걸쳐 분할 상환이 가능하다. 특히 직장 재직 중이라면 상환 시작 시점과 기간을 유연하게 설정할 수 있어, 학비로 인한 재정 압박을 분산할 수 있다. 단, 대출은 결국 '미래 소득에 대한 선지출'이기 때문에, MBA를 통해 기대하는 커리어 확장 가능성과 투자 대비 수익(ROI)을 현실적으로 따져본 뒤 학자금 대출 규모를 조정하는 것이 바람직하다.

[등록금 마련 사례 - 김상명]

  MBA 지원을 결심했을 때 주변인 설득 후 가장 먼저 확인했던 것이 사내의 교육 지원 제도였다. 몇몇 선배들이 회사의 지원으로 MBA 프로그램을 수료했다는 이야기를 듣고 사내 인트라넷에서 교육 지원 관련 자료를 찾아보았지만, 별다른 자료를 찾을 수 없었다. 이후 직장의 한 선배에게 조언을 구했고, 인사고과에 따라 소수 직원에게 특정 MBA 프로그램 지원 케이스가 있었으나 최근 몇 년간 사례를 듣지 못했다는 답변을 들었다. 이후 인사팀 교육 담당자에게 문의한 결과, 회사의 지원을 받으려면 수년간 누적된 우수한 고과가 필요하며, 지원 가능한 학교와 과정도 정해져 있다는 사실을 확인했다. 회사 지원으로 진학할 수 있다면 자부심을 느낄 만한 일이겠지만, 당시 이직 후 얼마 안 된 상황이었기에 자비로 진학을 결정했다.

  입학 첫 해에는 학자금 대출 제도를 알지 못했고 학교에서 제공하는 등록금 분할 납부 제도를 활용했다. 한 학기의 등록금을 다섯 번으로 나누어 20%씩 나누어 내니 일시납보다 부담이 적게 느껴졌다. 2학년이 되어서야 학자금 대출 제도가 있는 것을 알게 되었고 이 제도를 일부 활용하여 필요한 시점에 도움을 받을 수 있었다.

3. 마인드셋 전환은 필수다

  시간과 비용 마련에 대한 계획을 세웠다면, 이제는 '나 자신'에 대한 준비가 필요하다. MBA 과정은 그 자체로 더 나은 미래를 보장하지 않는다. 졸업장만으로 경력이 자동으로 업그레이드되거나 연봉이 오를 것이라 생각한다면 오산이다. 결국 내가 얼마나 준비되어 있느

냐에 따라 잡을 수 있는 기회의 폭도 달라진다.

예를 들어, MBA 과정은 다양한 배경을 가진 원우와의 네트워킹 기회를 제공한다. 하지만 단순히 직장인의 마음가짐만 가지고 네트워킹에 시간을 투자하지 않거나, 항상 상대의 호의와 도움을 받기만 한다면 기회를 적극적으로 활용하지 못할 가능성이 높다.

MBA 과정을 단순한 학위 취득이 아닌 진정한 변화와 성장의 기회로 만들기 위해 아래 다섯 가지로 마인드셋 전환이 필요하다.

1) 열린 마음

MBA 진학을 고민하는 많은 직장인들은 이미 현업에서 인정받는 전문가이거나 조직을 이끄는 관리자일 가능성이 크다. 하지만 잊지 말아야 할 것은 MBA 과정에 모이는 원우들 역시 모두가 각자의 분야에서 깊은 경험과 통찰을 가진 전문가들이라는 점이다. 그들이 가진 전문성과 관점은 기존에 익숙해진 방식과는 또 다른 가치를 제시해줄 수 있고 이러한 다양성은 MBA 학습의 큰 자산 중 하나다.

수업이나 프로젝트에서 다양한 산업과 직무 경험을 가진 원우들과 의견을 주고받다 보면, 내가 당연하게 여겼던 사고방식이 도전받거나 전혀 다른 해석이 등장하는 경험을 하게 된다. 이때, 내가 알고 있던 지식이 분야에 따라 때로는 맞지 않을 수 있음을 인정하고, 새로운 지식과 관점을 흡수하려는 열린 마음가짐이 필요하다. 이것은 겸손함이 아니고 더 넓은 사고력과 판단력을 기르는 훈련의 과정이 될 것이다.

서로 다른 경험과 관점을 더 깊이 이해하려는 자세로 임할 때 존중을 바탕으로 하는 원우관계를 쌓을 수 있고 그 안에서 더 큰 배움을 얻을 수 있을 것이다.

2) 철저한 시간관리 의지

한 테크 기업의 임원으로 재직 중이면서, 두 아이의 엄마이고 블로거로도 활발히 활동하는 한 원우에게 어떻게 모든 역할을 균형있게 잘 해내고 있는지 물은 적이 있다.

"블로그는 하루에 5~10분이면 충분해요. 점심 먹으러 가기 전 5분 정도 동료 기다리는 시간, 엘리베이터 기다리는 시간 동안에 해요. 그 시간 아무것도 아닌 것 같지만 모으면 꽤 크거든요."

자투리 시간을 활용해서도 충분히 생산적인 결과를 만들어 낼 수 있다는 이야기를 듣고, 한동안 자신을 되돌아보고 반성했다. 평소에 몰입하는 습관을 가지고 출퇴근 및 점심 시간은 물론 짧은 시간도 최대로 활용하는 노력이 필요할 것이다.

MBA 생활은 단순히 수업을 듣고 과제를 제출하는 것만으로 끝나지 않는다. 업무처럼 마감이 명확한 것이 아니라 학업, 네트워킹, 과제 등 마감이 명확하지 않은 다양한 활동을 동시에 해내야 하는 MBA 생활에서는 자기주도적 시간관리가 중요하다. 우선순위를 스스로 정하고, 작은 여유가 생길 때마다 조금씩 미리 해두는 습관이 큰 차이를 만든다. 미래의 나에게는 현재 예상하지 못한 다른 일정이 생기는 경우가 많다.

3) 열정 충만한 성장형 마인드셋

직장과 병행해 석사 과정을 밟는 파트타임 MBA에는 성장 욕구가 남다른, 다른 차원의 열정을 가진 이들이 모인다. 직장을 다니면서 본인의 전문 분야 교육 프로그램을 만들어 무료로 강의를 해 온 원우, 꽤 유명한 팟캐스트 채널을 운영하고 있는 전문직 원우, 주말마다 스타트업의 기획 일을 돕는 있는 원우 등 직장만 오롯이 다니는 사람이 드물 정도였다.

자신을 소위 '열정부자'라고 자부하던 사람들도 직장과 학업을 병행하면서도 그 이상의 에너지를 내는 다른 원우들의 모습을 보고 큰 자극과 동기를 얻기도 했다. 크고 작은 프로젝트를 함께 하다 보면, 새벽 2~3시에 예정되어 있지 않은 그룹콜을 하기도 했고 주말 아침에 조찬 모임을 하기도 했다. 토요일 저녁부터 일요일 새벽까지 이어지는 모임을 하고, 다시 일요일 아침 8시에 모여 등산을 가기도 했으며, 그날 저녁에는 초빙 강사를 모신 온라인 세미나로 하루를 마무리하기도 했다.

가끔은 슬럼프에 빠질 것 같을 때도 있었지만, 열정 가득한 원우들의 모습을 보며 다시 성장하고자 하는 마음을 다잡을 수 있었다. 성장하고 변화하고자 하는 열정으로 가득 찬 마음가짐을 가지고 있을 때 이 과정을 기쁘게 함께 할 수 있다.

4) Giver의 마인드셋

MBA의 가치 중 상당 부분은 인적 네트워크에서 온다. 어떤 관계이든 일방적인 관계는 오래 지속되기 어렵다. MBA에서도 '얻을 수 있는 것'에만 집중한다면 졸업 후 학교에서 맺은 인맥을 이어가기 어려울 것이다.

진정한 네트워킹을 위해서는 '나눌 수 있는 가치'에 대한 고민이 필요하다. 특정 분야의 전문가라면 그 주제를 어려워하는 원우들을 모아 소규모 특강을 열 수도 있고, 관련 과제 해결에 도움을 줄 수도 있다. 전공 지식이나 업무 노하우가 아니더라도 자료를 정리하거나 발표자료를 디자인하는 재능이 있다면 팀 내에서 유용한 역할을 맡을 수 있다. 학업적인 기여가 어려운 경우라면, 네트워킹 행사를 기획하거나 동아리 활동 등 공동체를 위한 활동을 주도할 수도 있다.

Taker가 아닌 Giver의 마음가짐을 가지려고 할 때 더 깊고 오래 지속되는 인적 네트워크를 구축할 수 있다. 그리고 이렇게 형성된 관계가 이후 커리어와 인생에 있어서도 큰 자산이 될 것이다. 성장의 여정은 혼자서 완성하는 것이 아니라, 함께 만들어가는 것이다.

5) 체력 및 정신건강 챙김

파트타임 MBA 진학을 결심했다면, 학문적인 준비를 넘어 체력과 정신력의 관리를 함께 시작해야 한다. 낮에는 업무에 집중하고, 퇴근 후에는 수업과 과제를 병행해야 하므로, 체력이 뒷받침되지 않으면 버티기 어렵다. 실제로 많은 MBA 원우들은 저녁 7시부터 10시까지 이어지는 수업을 마친 뒤, '3교시'라 불리는 추가 스터디에 참여하고, 자정을 넘긴 시간부터 네트워킹 모임까지 이어지는 일정을 소화한다. 이런 스케줄을 무리 없이 감당하려면, 점심시간 등 자투리 시간을 활용해 짧게라도 규칙적인 운동을 병행하는 것이 큰 도움이 된다. 체력은 꾸준한 관리 없이는 쉽게 무너지고, 체력이 무너지면 학업도, 업무도, 일상도 버거워진다.

이상하게도 업무와 학업, 가정의 바쁜 시기는 몰려서 오는 경우가 많다. 명확한 우선순위와 긴급도에 따라서 하나씩 해결하면 풀어나갈 수 있지만 그 과정에서의 정신적 스트레스는 무시할 수 없다. 학업과 일상 사이에서 균형을 유지하려고 할 때, 스트레스를 효과적으로 관리할 수 있는 루틴을 만드는 것을 추천한다. 짧은 산책, 취미 활동, 명상, 가족과의 대화, 원우들과의 소통 등이 좋은 예가 될 수 있다. 무엇보다 스스로를 채찍질만 하지 않고 격려해주는 것도 필요하다. 스스로에게 따뜻한 말을 건네며, 긴 여정을 잘 이겨내고 있다고 칭찬해주자. 작은 회복의 순간들이 결국 끝까지 가는 힘이 된다.

4. 입학 전형 준비 – 일정확인, 서류전형, 면접

MBA 진학을 준비할 때 가장 먼저 고려해야 할 것은 "나에게 맞는 학교와 프로그램"을 찾는 일이다. 학교와 프로그램마다 특징이 다르기 때문에, 본인의 경력, 커리어 목표, 생활 스타일을 충분히 고려한 신중한 선택이 무엇보다 중요하다. 학교 선택 과정에서는 프로그램 커리큘럼, 교수진 구성, 동문 네트워크의 강도 등을 꼼꼼히 살펴야 한다. MBA 내에도 금융, 마케팅, 전략, 창업 등 다양한 세부 전공 트랙이 존재하기 때문에, 본인이 원하는 역량 강화 방향과 맞는 프로그램인지 반드시 확인하는 것이 필요하다.

아직 구체적으로 지원할 학교를 결정하지 못했다면, 다음과 같은 질문을 스스로에게 던져보는 것도 좋은 방법이다.

- 해외 MBA인가, 국내 MBA인가?
- 풀타임 과정인가, 파트타임 과정인가?
- 파트타임이라면 평일 저녁 수업과 주말 수업 중 어떤 것을 선호하는가?
- 졸업까지 걸리는 기간은?(2년, 2.5년, 3년 등)
- 장학금 제도나 회사 지원 가능 여부는?
- 한 주당 수업 횟수는 어느 정도인가?(주 2~3회 또는 3~4회)
- 직장, 집과 학교 간 거리는 현실적으로 다닐 수 있는 범위인가?
- 전공 및 커리큘럼이 본인의 성장 방향과 일치하는가?
- MBA를 통해 얻고자 하는 핵심 가치는 무엇인가?(네트워크, 학문

적 성취, 커리어 전환 등)
- 졸업 후 커리어 지원 시스템은 얼마나 활성화되어 있는가?
- 글로벌 교환 프로그램이나 해외연수 기회가 있는가?

이외에도 하이브리드 수업 제공 여부, 기업 협업 프로젝트 참여 기회, 소모임 활성도, 졸업생 만족도 등도 고려해볼 수 있는 선택의 기준이 될 수 있다. 학교와 프로그램을 선택할 때는 본인의 우선순위에 따른 '나에게 맞는 학교'를 찾는 것이 중요하다.

1~2개 학교의 프로그램으로 지원 학교를 좁혔다면, 본격적으로 목표로 하는 학교의 입학 전형을 준비하기 전에 해당 학교의 입학설명회의 일정을 확인하고 참석하는 것을 추천한다. MBA의 입학설명회는 직장인 대상인 경우가 많기 때문에 교내에서뿐 아니라 직장인이 많은 지역에서 별도 일정의 추가 입학설명회를 진행하는 경우도 있으며 온라인 세션을 제공하는 경우도 있다. 미리 신청을 해두고 참석해보자.

입학설명회에서는 단순한 커리큘럼 소개를 넘어, 교수진과 직접 교류하거나, 재학생 및 졸업생 선배들과 자유롭게 질의응답을 나눌수 있는 시간이 마련되는 경우가 많다. 이 시간을 통해 학교의 실제분위기를 느껴보면 나와 잘 맞는 프로그램인지 판단하는데 도움이 된다.

입학 전형 준비는 크게 세 가지 단계로 이어진다.

첫 번째, 일정 확인: 서류 제출 마감일, 면접일정 등 주요 데드라인을 정확히 파악하고 대비해야 한다.

두 번째, 서류전형 준비: 영어시험 성적(TOEIC, TOEFL 등) 제출, 에세이 작성, 추천서 확보가 필요하다. 에세이는 자신의 커리어 목표와 MBA 진학 동기를 일관되게 풀어내야 하며, 추천서는 신뢰할 수 있는 상사나 선배를 통해 준비하는 것이 바람직하다.

세 번째, 면접 준비: MBA 면접은 학문적 역량뿐만 아니라 커뮤니케이션 스킬, 커리어 계획의 명확성 그리고 학교에 대한 이해도를 종합적으로 평가하는 자리다. 예상 질문에 대한 답변을 준비하고, 자연스러운 태도로 자신의 목표를 설득력 있게 전달하는 연습이 필요하다.

MBA 진학 준비에는 체계적인 계획과 노력이 필요하다. 4장의 마지막으로, 입학 전형의 각 단계별 준비 과정을 소개하고 도움이 될 수 있는 팁을 소개하고자 한다.

1) 입학 전형 일정 확인

지원하고자 하는 학교와 전공을 정했다면 본격적으로 입학 전형을 준비할 때다. MBA 입학은 대부분 연 1회, 혹은 연 2회 실시되므로 입학 전형 일정에 맞추어 준비해야 한다. 먼저 각 학교 웹사이트 및 SNS 채널 등에 게시된 전형 일정을 확인하자. 올해 일정이 아직 나오지 않았다면 작년 일정을 확인하여 대략적인 흐름을 미리 파악해 둘 수 있다. 예를 들어, 다음 해 3월 입학을 고려할 때 대략의 타임라인은, 8~9월쯤부터 입학설명회를 진행하고 10월 서류접수, 11월 면접, 12월 합격자발표 순으로 진행되는 경우가 많다. 하지만 전공별로 입학 시점이나 절차가 다를 수 있고, 입학설명회와 전형이 더 빠르게 진행되는 경우도 있다. 따라서 학교와 전공별 전형 일정은 반드시 사전 확인이 필요하다.

〈3월 입학 시 대략의 입학 전형 타임라인〉

* 학교별 전형시기의 차이 있음

2) 서류 전형

■ 공인 영어시험 성적

전형이 바로 시작되지 않더라도 시간을 두고 먼저 준비해야 할 것은 공인 영어시험 점수를 받아두는 것이다. 시험 일정과 성적 발표 소요 시간을 고려하면 미리 준비해두는 것이 좋다.

국내 MBA라 하더라도 영어로 된 수업을 수강해야 하는 경우도 있고 원서자료를 읽어야 하는 경우도 있어 영어점수가 필요한 경우가 많다. 단, 해외대학에서 학부를 졸업한 경우라면 필요하지 않을 수 있다. 공인 영어 점수는 원서접수 마감 시점으로 2년 이내의 결과만 인정되는 경우도 있는데 몇 년간 직장인으로 생활하면서 영어시험을 보지 않는 경우가 대부분이기 때문에 서류 요건에 해당 점수가 있다면 우선적으로 준비할 필요가 있다.

하지만 오랜만에 영어시험을 치르는 것에 대해 부담을 가질 필요는 없다. MBA 입학 전형에서의 영어시험은 만점에 가까운 점수를 받은 사람을 선별하기 위함이 아니고 실제 학업에서 필요한 기본 역량 점수를 요구하는 경우가 많기 때문이다.

실제로 한국어로 이루어지는 수업이더라도 교수님의 수업 자료와 교재가 모두 영어로 된 경우가 꽤 있었지만, 영어 실력은 크게 문제되지 않았다. 집단지성의 장점을 가진 MBA에서는 다른 원우들과 함께 공부하고 특히나 번역툴을 통해서도 대략적 도움을 받을 수 있었기 때문이다.

■ 에세이: Why MBA?, Why this Program?

서류전형의 에세이는 "Why MBA?"와 "Why this Program?"이라는 두 가지 핵심 질문에 대한 답을 중심으로 작성하는 것이 중요하다. 이를 통해 지원자는 자신의 경력과 목표를 명확히 설명하고, 해당 프로그램이 자신의 성장에 어떻게 기여할 수 있는지 설득력 있게 전달하면 좋다.

MBA는 단순히 학업을 위한 과정이 아니라, 다양한 배경과 경험을 가진 사람들과 네트워크를 형성하고, 지식과 관점을 확장할 수 있는 곳이다. 학교 입장에서도 학생들 간의 다양성을 확보하는 것이 중요하기 때문에, 금융이나 전략 컨설팅 등 전통적으로 MBA와 직결된 분야에서 일하지 않더라도 자신만의 독특한 경력과 강점을 어필한다면 충분히 경쟁력을 가질 수 있다. 특히, 내가 속한 산업이나 직무가 MBA와 직접적으로 연관되지 않더라도, 지원자 자신의 경험이 어떻게 동기들에게 새로운 관점과 통찰을 제공할 수 있는지를 구체적으로 설명할 수 있다면 충분히 경쟁력을 가질 수 있다.

또한 MBA가 단순히 경력 전환이나 학문적 성취를 위한 과정이 아니라, 자신의 장기적 비전 달성 과정에서 어떤 역할을 할 것인지 논리적으로 설명하고 의지를 전달하는 것이 설득력을 높일 것이다.

3) 추천서

■ 추천인 선정

추천서 제출을 요구하는 MBA 프로그램에 지원할 계획이라면, 누구에게 추천서를 요청할지 미리 고민해두는 것이 중요하다. 추천인은 일반적으로 직장 상사나 대학 시절의 교수님을 선정하는 경우가 많다. 특히, 지원자의 업무 성과와 성장 가능성에 대해 구체적이고 신뢰성 있게 언급할 수 있는 사람을 추천인으로 삼는 것이 바람직하다.

아직 입학이 확정되지 않은 상태에서 직장 상사에게 추천서를 부탁하는 것은 부담되는 일이다. 이 부담감 때문에 추천서를 요구하는 학교에 지원 자체를 포기하는 경우도 있을 정도다.

뚜렷한 추천인이 생각나지 않는다면, 평소 자기개발에 긍정적인 태도를 보이는 상사를 떠올려 보자. MBA 과정을 직접 경험한 상사, 특히 지원하려는 학교의 졸업생이라면 더욱 좋은 선택이 될 수 있다. 이들은 프로그램에 대한 현실적인 조언과 전략까지 나눠줄 수 있는 든든한 조력자가 될 수 있다. 추천서는 지원자의 진정성과 가능성을 외부에서 증명해주는 중요한 자료이기 때문에 추천인 선택에는 충분한 고민이 필요하다.

■ 추천서 요청

추천서는 마감일자까지 최소 3~4주 전에 충분한 시간을 두고 요청하여 바쁜 일정의 상사가 여유롭게 작성할 수 있는 시간을 배려하는 것이 좋다. 또한 가능하다면 메일이나 서면상보다는 면담을 통해 직접 요청하는 것을 추천한다. 직접 요청 시에는 MBA 진학 이유와 목표 등을 이야기하고 해당 학교와 프로그램을 선택한 이유 등을 명확하되 겸손하게 전달하면 좋다. 그리고 요청 시점에 지원 마감일에 따른 추천서 마감일을 정확히 전달해야 향후 작성을 재촉하는 불편한 상황을 피할 수 있을 것이다.

진정성 있는 추천서 작성을 위해서는 양식만 전달하기보다는 작성에 도움이 될 자료를 함께 전달하는 것이 좋다. 함께 업무를 하고 있어도 나의 이력에 대해 정확히 알지 못할 경우를 위해 경력 요약서 및 지원서 에세이 초안을 함께 전달하자. 그리고 지원하는 학교와 전공 프로그램에 대해 간략한 자료를 함께 전달하면, 상사가 추천서 작성을 위한 키워드를 찾을 수 있다.

바쁜 상사에게 추천서를 부탁하는 경우, 참고할 수 있는 추천서 초안을 직접 작성하여 검토를 부탁드리는 것도 좋다. 이때 추천서 초안에는 추천인과의 관계, 업무 성과, 조직에서의 리더십 발휘 사례 그리고 MBA에서 기여할 수 있는 부분 등에 대해 포함할 수 있다.

그리고 입학 후에는 추천서 작성자에게 감사 인사와 함께 조그만 선물로 고마움을 표현하면 향후 관계 유지를 위해서도 좋을 것이다.

4) 면접 전형

회사생활을 한 후에 준비하는 면접 전형은 신입사원 시절의 면접 전형보다 편안하다. 또 회사에서 면접관으로 참여한 경험이 있다면, 평가자가 어떤 시선으로 지원자를 바라보는지도 어느 정도 가늠할 수 있다. 학교의 면접 역시 단순한 평가가 아니라, 조직과의 적합성을 확인하는 자리라는 점을 기억하면 도움이 된다.

면접 준비는 먼저 지원 동기와 현재까지의 경력 그리고 커리어 목표를 정리하는 것부터 시작하자. 커리어 목표는 단시간에 설명할 수 있고 일관성 있게 들릴 수 있도록 준비하는 것이 좋다. 그리고 왜 지금 시점에 목표를 달성하기 위해 MBA 진학을 하고자 하는지, 왜 이 프로그램을 선택했는지, 졸업 후의 계획은 무엇인지에 대해 답변을 준비하자.

공통 질문이 아닌 면접 질문의 대부분은 서류전형 때 제출했던 에세이를 보면서 질문하는 경우가 많기 때문에 서류전형 때 제출했던 자료를 기반으로 예상 질문에 대한 답을 준비해야 한다. 제출한 에세이와 예상 질문 사이의 연결고리를 미리 점검하면 일관된 답변이 가능해진다.

또한 지인이나 인터넷을 통해 지원 학교의 MBA 입시 때 나왔던 면접 질문 리스트를 확보해보는 것도 좋은 방법이다. 사전에 질문을 검토하고 시뮬레이션 연습을 해두면, 예상치 못한 질문에도 침착하고 자신감 있게 대응할 수 있다.

[Tip. 실제 면접 전형에서 받을 수 있는 질문]

　MBA 면접에서는 준비한 지원 동기나 커리어 목표 외에도 다양한 각도에서 질문을 받을 수 있다. 예상 질문을 미리 파악하고, 자신만의 답변을 정리해두는 것이 중요하다. 아래는 실제 면접에서 자주 등장하는 질문 예시다.

- 소개 및 지원 동기 관련 질문
  - 자기소개와 MBA 지원 동기에 대해 1~2분 정도로 간단히 이야기해보세요.
  - 현재 이 시점에서 MBA 진학을 결심하게 된 이유는 무엇인가요?
  - 다른 대학원이 아닌, 왜 이 학교를 선택했나요?
  - 지원자의 경력과 경험이 MBA 동기들에게 어떤 새로운 시각이나 도움을 줄 수 있다고 생각하나요?
  - 직장 내에서 리더십을 발휘했던 경험에 대해 구체적으로 이야기해 보세요.

- 커리어 목표 관련 질문
  - 장기적인 커리어 목표와 단기적인 목표는 각각 무엇인가요?
  - MBA 과정이 이러한 목표 달성에 어떤 구체적인 도움이 될 것이라 생각하나요?

- 학업 및 자기관리 계획 관련 질문
  - 우리 MBA 프로그램의 세부 전공 중 어떤 분야를 선택하고 싶으며, 그 이유는 무엇인가요?
  - 업무와 학업을 병행하는 동안 시간 관리는 어떻게 계획하고 있나요?
  - 출퇴근, 등하교, 네트워킹 활동 등으로 인한 체력적 부담은 어떻게 극복할 계획인가요?

일부 학교에서는 주요 질문에 대해 영어로 답변을 요구하기도 한다. 기본적인 자기소개, 지원 동기, 커리어 목표에 대한 영어 답변도 함께 준비해두면 좋다. 짧더라도 자연스럽게 영어로 의사를 표현할 수 있는 준비가 되어 있다면, 긍정적인 인상을 줄 수 있다.

제 5 장

국내 MBA현황

1. MBA 역사와 성장 배경
2. 학교별 MBA 프로그램
3. 기업 연계 프로그램
4. MBA 최신 트렌드

세상은 빠르게 변화하고 있으며, 그 변화의 중심에는 비즈니스가 있다. 과거에는 기업이 요구하는 인재상이 정형화되어 있었지만, 이제는 끊임없이 배우고 변화에 적응하며, 새로운 가치를 창출하는 능력이 더욱 중요해졌다. 특히, 주 5일제에서 유연근무, 주 35시간 근무, 나아가 주 4일제 근무 환경으로 변화하는 지금, MBA(Master of Business Administration)는 이러한 변화에 능동적으로 대응하는 중요한 열쇠(Key)로 자리 잡고 있다.

이러한 근무 방식의 변화는 단순히 일하는 시간의 단축을 의미하는 것이 아니라, 조직 운영 방식, 업무 효율성, 인적 자원 관리 등 경영 전반의 변화를 요구하고 있다. 또한, 디지털 전환과 하이브리드 업무 환경, 새로운 비즈니스 모델이 지속적으로 등장하는 가운데, MBA 프로그램들은 이러한 변화를 반영하며 최적의 경영 교육을 제공하고 있다.

국내 MBA 과정이 본격적으로 자리 잡은 지 약 20년이 되었다(한국형 MBA 도입기준). 현재 주요 대학들은 각자의 강점을 살려 다양한 MBA 프로그램을 운영하고 있으며, 기업과 사회가 요구하는 역량을 반영해 끊임없이 진화하고 있다. 하지만 여전히 많은 사람들이 'MBA가 커리어에 어떤 도움을 줄 수 있을까?', '나에게 맞는 과정은 무엇일까?'와 같은 고민을 안고 있다.

5장에서는 국내 MBA의 역사와 성장 배경, 주요 학교별 MBA 프로그램의 특징을 살펴보고, 변화하는 시장 환경 속에서 MBA가 어떻게 발전해 왔는지를 조명한다. 이를 통해 독자들이 국내 MBA에 대한 현실적인 이해를 넓히고, 자신의 커리어와 학습 목표에 맞는 최적의 과정을 선택하는 데 도움이 되기를 바란다.

1. MBA 역사와 성장 배경

경영학은 인류의 경제활동이 발전함에 따라 자연스럽게 등장한 학문이다. 기업이 조직화되고 규모가 커짐에 따라, 체계적이고 과학적인 관리 방법에 대한 필요성이 대두되었다. 이러한 시대적 요구에 부응하여 탄생한 것이 바로 MBA(Master of Business Administration)다. MBA는 단순히 기업 경영자를 양성하는 과정을 넘어, 경영이라는 복합적이고 역동적인 분야를 학문적으로 체계화하고, 이를 실무에 적용할 수 있는 인재를 길러내는 교육 모델로 발전해 왔다. MBA가 어떻게 탄생하게 되었는지, 글로벌 시장과 국내에서 어떤 흐름을 타고 성장해 왔는지를 살펴보고자 한다.

1) MBA 탄생과 글로벌 확산

MBA(Master of Business Administration)는 경영학 석사 학위를 의미한다. 이 과정은 단순한 학문적 탐구를 넘어, 실제 기업 환경에서 전문 경영자로서 필요한 지식과 실무 능력을 체계적으로 교육하기 위해 만들어졌다. MBA라는 개념이 처음 등장한 것은 19세기 후반, 미국이 산업화를 본격적으로 추진하던 시기였다. 당시 기업들은 대규모 생산체제와 복잡한 조직구조를 운영해야 했고, 단순한 경험이나 직관에 의존하는 경영 방식만으로는 빠르게 변화하는 시장 환경을 효과적으로 대응할 수 없었다. 과학적이고 체계적인 경영 관리의 필요성이 대두된 것이다. 이러한 시대적 요구 속에서, 1900년 미국 다트머스대학교(Dartmouth College)에서 경영학 석사 과정이 최초로 개설되었다. MBA 교육의 효시로 평가된다. 이어서 1908년 하버드대학교(Harvard University)는 보다 본격적인 경영학 석사 과정을 출범시키며, 'MBA'라는 명칭을 공식적으로 사용한 최초의 프로그램을 만들었다.

하버드 MBA는 기존 대학원 과정과는 명확히 다른 특징을 지녔다. 일반적인 대학원 과정이 이론적 연구와 학문적 깊이에 초점을 맞춘 반면, MBA 과정은 실제 비즈니스 현장에서 요구되는 실무적 문제 해결 능력과 전략적 사고를 강화하는 데 주력했다. 회계, 마케팅, 인사관리, 조직관리 등 경영의 주요 영역을 중심으로 한 실질적 커리큘럼이 구성되었고, 이론 강의보다는 케이스 스터디와 토론 중심의 수업 방식이 강조되었다. 지원자 선발 시에도 단순히 학업 성취도뿐 아니라 실무 경험을 중요한 평가 요소로 반영하기 시작했다.[23] 이는 경영 교육이 이론과 실무의 간극을 메우는 실질적 다리 역할을 하겠다는 MBA의 지향점을 보여준다. 20세기 초, 미국 내 산업이 고도화되고 글로벌 무역이 확장되면서 MBA 과정은 더욱 빠르게 성장했다. 기업은 점점 더 복잡하고 다국적화되었으며, 이에 따라 국제적 경영 감각을 갖춘 인재, 금융·마케팅·전략·인적자원관리(HR) 등 전문 분야에 능통한 경영자에 대한 수요가 크게 증가했다. MBA 과정은 이러한 변화에 맞춰 꾸준히 진화했다. 기존에는 경영학의 기본기를 다지는 데 중점을 뒀다면, 점차 글로벌 시장을 이해하고 다문화적 환경에서 리더십을 발휘할 수 있는 역량 개발로 방향을 확장했다.

기업 경영이 경험적 직관을 넘어 과학적 분석과 전략적 사고를 필요로 하게 되면서, MBA는 '현대 경영자'를 길러내는 핵심 교육 플랫폼으로 자리 잡게 된 것이다. 결국 MBA의 등장은 단순히 하나의 학위 과정 신설이 아니라, "경영을 과학화하고 체계화하려는 시대적 요청에 대한 대답"이었다. 그리고 이 대답은, 이후 글로벌 비즈니스 환경 전반에 깊은 영향을 미치게 된다.

2) 한국 MBA의 도입과 성장 배경

한국에서 MBA 과정이 처음 도입된 것은 1963년, 고려대학교 경영대학원(Korea Business School)에서였다. 당시만 해도 MBA라는 개념은 국내에서 생소한 편이었지만, 산업화가 본격화되고 기업 경영의 복잡성이 증가함에 따라 경영 전문 인재에 대한 필요성이 점차 부각되기 시작했다. 이후 2006년, 정부 주도로 경영전문대학원 제도가 본격적으로 도입되면서 서울대학교, 성균관대학교, 연세대학교를 비롯한 12개 대학이 경영전문대학원을 설립하여 한국형 MBA 체계를 구축하게 된다. 현재 한국에서는 이들 경영전문대학원뿐만 아니라 다양한 특수대학원에서도 MBA 과정을 운영하고 있으며, 한국 MBA는 경영전문대학원과 특수대학원 MBA 과정을 포괄하는 형태로 발전해 왔다. 한국 MBA의 성장은 단순히 글로벌 트렌드에 따른 확산이 아니라, 국내 경제와 사회 환경의 변화와 맞물려 있었다.

특히 1997년 외환위기(IMF 금융위기)는 한국 경제에 큰 충격을 주었고, 많은 기업들이 대규모 구조조정을 실시하면서 전문 경영인의 필요성을 절실히 인식하게 되었다. 과거에는 경험과 연공서열에 의존하던 경영이 체계적이고 과학적인 지식에 기반해야 함이 분명해졌고, 이에 따라 경영 교육의 체계화를 요구하는 목소리가 커졌다. 시대적 흐름 속에서 국내 대학들은 기존 경영학과 중심의 교육을 넘어, 실무 중심, 문제 해결 중심의 MBA 프로그램을 강화하거나 새롭게 도입하기 시작했다.[24]

한국 경제의 또 다른 특징인 대기업 중심 구조도 MBA 성장에 중요한 역할을 했다. 삼성, LG, SK 등 주요 대기업들은 내부 인재 육성 전략의 일환으로 사내 MBA 프로그램을 운영하거나, 승진 요건으로 MBA 학위 취득을 장려하는 제도를 마련했다. 경영자 후보군에게 글로벌 감각과 전략적 사고를 갖추도록 요구하면서, MBA는 경력 관리의 필수 과정처럼 자리 잡게 된 것이다. 2000년대 이후, 한국 기업들의 글로벌 시장 진출이 활발해지면서 MBA에 대한 수요는 더욱 증가했다. 특히 해외 MBA 출신 인재를 선호하는 채용 트렌드가 확산되면서, 국내 대학들도 이에 대응하기 위해 영어 강의 강화, 해외 교환 프로그램, 글로벌 네트워크 구축 등에 박차를 가했다.

고려대학교, 연세대학교, 성균관대학교 등은 국제 경쟁력을 갖춘 글로벌 MBA 과정을 운영하며, 해외 명문 MBA와 경쟁할 수 있는 수준으로 프로그램을 발전시켜 나갔다. 최근에는 창업 및 벤처 생태계의 활성화가 MBA 교육의 또 다른 변화를 이끌고 있다. 과거에는 주로 대기업 취업이나 승진을 목표로 MBA 과정을 선택하는 경우가 많았지만, 이제는 창업, 투자, 디지털 비즈니스 역량을 강화하려는 수요가 크게 증가했다. 이에 따라 국내 MBA 과정도 스타트업 경영, 벤처 캐피탈, 디지털 비즈니스 모델 설계 등을 다루는 커리큘럼을 적극적으로 반영하고 있다. 대표적인 사례로 KAIST의 KAIST MBA를 들 수 있다. 이 프로그램은 기술 기반 스타트업과 경영을 결합하여, 기술경영 전문가 및 창업가를 양성하는 데 주력하고 있다. MBA 과정이 단순히 전통적인 경영 지식을 넘어, 빠르게 변화하는 비즈니스 환경에 대응할 수 있는 실용적 역량을 키우는 방향으로 진화하고 있음을 보여준다. 한국에서의 MBA 성장은 외부 환경 변화, 기업 전략의 진화, 산업 생태계 변화 등이 복합적으로 작용한 결과라 할 수 있다. 앞으로도 MBA는 한국 사회와 경제의 흐름에 발맞추어 끊임없이 변화하고 확장해 나갈 것으로 기대된다.

3) 변화하는 경영 환경과 MBA의 진화

최근 몇 년 사이, 근무 환경의 변화가 전 세계적으로 가속화되고 있다. 주 4일제 도입, 유연 근무제 확대, 하이브리드(재택+출근) 업무 방식 정착 등은 전통적인 조직 구조와 일하는 방식을 근본적으로 흔들고 있다. 단순히 근무 형태의 변화에 그치지 않고, 경영자에게 요구되는 역량과 리더십의 기준 자체를 새롭게 정의하고 있다. 이제 조직은 단순히 관리 업무를 수행하는 리더가 아니라, 빠르게 변하는 환경 속에서 전략적 사고를 기반으로 데이터를 분석하고, 기술을 이해하며, 구성원을 자율적으로 이끌어낼 수 있는 디지털 리더십을 갖춘 인재를 필요로 한다.

과거처럼 명령&통제(Command&Control)형 리더십만으로는 성과를 기대하기 어렵고, 복잡성과 불확실성이 높은 시대에서는 민첩하고 유연한 사고를 가진 경영자가 더욱 주목받고 있다. 변화 속에서 MBA 과정 역시 끊임없이 진화하고 있다. 단순히 경영 이론을 배우는 것을 넘어, 최신 디지털 비즈니스 트렌드, 데이터 기반 의사결정, ESG(Environmental, Social, Governance) 경영, 글로벌 팀 리딩 등 미래 경영자가 갖춰야 할 다양한 역량을 개발하는 방향으로 커리큘럼을 강화하고 있다. 국내 MBA 과정들은 시대 변화에 맞춰 스타트업 및 벤처 경영, 디지털 트랜스포메이션 전략, 글로벌 시장 진출 전략 등을 적극적으로 커리큘럼에 반영하고 있다. MBA가 단순한 학문적 성취의 과정이 아니라, 실제 산업 현장에서 즉각 활용할 수 있는 실용적 경영 역량을 키우는 장으로 자리 잡고 있음을 보여준다.

최근 경영 환경에서는 '평생 학습'의 중요성이 더욱 부각되고 있다. 한번 얻은 지식과 경험만으로는 오랫동안 경쟁력을 유지하기 어려운 시대가 되었기 때문이다. MBA 과정은 단기간에 집중적으로 경영 전반에 대한 시야를 넓힐 수 있는 기회를 제공할 뿐 아니라, 졸업 이후에도 지속적으로 새로운 지식과 인사이트를 얻을 수 있는 네트워크를 제공하는 플랫폼으로서 가치가 크다. 결과적으로, 한국에서 MBA의 성장은 단순히 고등 교육과정의 확산을 의미하지 않는다. 이는 경제와 산업 구조의 변화, 기업 경영전략의 진화, 글로벌 시장에서의 경쟁 심화, 창업 생태계 확장, 디지털 전환 가속화 등 복합적인 사회적·경제적 변화가 맞물린 결과라 할 수 있다. 이러한 흐름은 앞으로도 계속될 것으로 예상된다. MBA 과정은 시대적 요구에 발맞춰, 더욱 다양화되고, 실용화되며, 글로벌화된 방향으로 진화할 것이다. 그리고 미래의 경영자들은 이 과정을 통해, 변화하는 세상에 능동적으로 대응하고, 새로운 기회를 창출하는 리더로 성장할 수 있을 것이다.

2. 학교별 MBA 프로그램

국내 MBA 프로그램은 각 대학별로 차별화된 커리큘럼과 강점을 가지고 있으며, 지원자의 커리어 목표와 학업 성향에 따라 적합한 선택이 달라질 수 있다. 직장인이 선택할 수 있는 주요 대학의 MBA 프로그램이 어떤 특징을 가지고 있는지, 교육 방식 그리고 졸업 후 진로에 미치는 영향을 중심으로 비교해 보자. 각 프로그램이 추구하는 교육 철학과 산업 연계성을 간략히 살펴보겠지만, 개인의 목표에 가장 적합한 MBA를 선택할 수 있도록 각 홈페이지를 통해 추가적인 정보를 확인하기 바란다.

▌ 서울대학교 MBA

서울대학교 경영전문대학원은 1946년부터 이어 온 경영대학에 뿌리를 두고, 2006년 국내 경영전문대학원 출범과 함께 Full-time MBA와 주말 MBA(Executive MBA)를 연달아 개설하여, 한국형 MBA의 견인 역할을 하고 있다.[25] 국내 최고 수준의 프로그램으로 평가받으며, 글로벌 경영 및 리더십 개발에 중점을 두고 있다. 영어 강의 비중이 높으며, 해외 연수 프로그램(글로벌 파트너십, 국외 수학을 통한

1+1 복수학위, 단기 연수 프로그램 등) 및 글로벌 기업과의 연계 교육이 특징으로 졸업생들은 글로벌 기업으로 이직, 대기업 임원 승진, 컨설팅 및 금융권 등의 다양한 분야로 진출한다.

과정구분	Full-time MBA	Executive MBA(EMBA)
수업연한	1년(4학기제) ※ 복수학위 취득시 2년/교환학생 방문시 1.5년	2년(4학기제)
수여학위	경영전문석사(MBA)	
수업시간	평일주간 (오전수업 09:00-13:00, 오후수업 14:00-18:00)	주말 (금 15:00-19:00, 토 09:00-18:00)
강의언어	영어, 한국어	한국어
과정특징	집약적 1년 학제를 통한 효과적인 현업복귀 및 경력전환 기회 제공 서울대 네트워크를 기반으로 체계적인 커리어서비스 제공 해외 유수 대학과 복수학위 및 교환학생 기회제공 해외 유수대학의 강의를 국내에서 수강	국내 최대 기업연수 MBA 현업과 병행 가능한 주말 프로그램 재학 중 풍부한 해외연수 기회 교육비 50% 이상을 소속기업에서 지원받는 산학협력과정
학기일정	7월 말 입학 1학기: 7월말-11월 / 2학기:11-3월 / 3학기: 3-5월 / 4학기: 5-8월	3월 입학 1, 2학년: 1학기 3-6월 / 2학기 8-12월
모집시기	3월경(연 1회 선발)	9-10월경(연 1회 선발)
모집정원	100명(글로벌인재특별전형 정원 외)	120명
선발절차	1차 서류전형 > 2차 면접 및 구술고사 > 최종선발	

〈SNU BUSINESS SCHOOL 입학안내〉

카이스트 MBA

Professional MBA는 직장과 학업을 병행하면서 경력을 업그레이드 할 수 있는 야간 MBA 과정으로 전략, 마케팅, 재무 집중 분야의 선택을 통해 특화된 지식과 역량을 배양할 수 있다. 심화학습을 위해 야간 MBA의 국제 표준인 3년 과정으로 운영되지만, 개인의 선택과 노력에 따라 2년 반에 과정을 마칠 수 있도록 acceleration path도 준비되어 있다. 이외에도 기술과 경영을 통섭하는 전문가 양성을 위한 2년 파트타임 과정의 정보경영프로그램(IMMS), 금융 핵심 지식을 바탕으로 금융시장을 이해하기 위한 기본 지식 위에 인공지능 및 머신 러닝 등의 데이터 사이언스 지식을 더한 금융과 데이터 사이언스 융합 과정인 DFMBA 과정도 운영중이다.

과정명	Executive MBA	Professional MBA	정보경영프로그램
분야	General Management	General Management	IT Management
특징	임원급 및 중견관리자 대상 22개월 금/토 주말 MBA 과정	경력강화 목적의 재직자를 위한 2.5/3년 야간 과정	IT경영 분야 전문가 양성을 위한 야간 과정
교육대상	현 재직자(필수), 10년 이상 경력자 선호	현 재직자(필수), 5년 이상 경력자 선호	현 재직자(필수), 5년 이상 경력자 선호
수업구분	Part-time		
수업시간	주말(금~토)	주중 2회 야간	주중 (수) 1회 야간, 토
수업기간	2년	2.5/3년	2년
이수학점	48학점	48학점	39학점
논문	교과	교과	교과/논문
글로벌교육	여름학기 2주 해외연수(필수)	여름학기 1주 해외연수(선택)	여름학기 1주 해외연수(필수)

연세대학교 MBA

미래의 CEO를 꿈꾸는 중간 관리자를 위한 Part-time MBA 과정으로 Corporate MBA와 Finance MBA 그리고 CEO, 임원 및 고급관리자를 위한 주말 MBA 과정, Executive MBA를 운영하고 있다. Corporate MBA와 Finance MBA는 다년간 실무에서 경험을 쌓은 중

과정명	Corporate MBA	Finance MBA	Executive MBA
모집인원	150명 내외	35명 내외	60명 내외
교육대상	만 2년 이상 직장근무 경력자, 현재 재직 중인자	만 2년 이상 직장근무 경력자, 현재 재직 중인자	만 10년 이상 직장근무 경력자, 현재 재직 중인자
이수학점	45학점(영어, 리더십 수업 필수)	45학점(영어, 리더십 수업 필수)	45학점
심화과정	전공선택과목 중 마케팅, 매니지먼트, 재무 분야 특화과목 9학점 이수시 해당 분야 전문성 인정 심화학습과정 Certificate 수여	전공선택과목 중 금융공학, 자산운용/투자은행 특화과목 9학점 이수시 해당 분야 전문성 인정 심화학습과정 Certificate 수여	-
수업구분	Part-time		
수업시간	월, 화, 목 주 3일(19~22시) 계절학기 월, 화, 목, 금 주 4일	월, 화, 목 주 3일(19~22시) 계절학기 월, 화, 목, 금 주 4일	금~토 격주 금 13:00~22:00 토 09:30~18:35
수업기간	2년(22개월)	2년(22개월)	2년
졸업논문	없음	없음	없음

* 입학정원은 매년 달라질 수 있음.

간관리자들에게 자신의 경영 자질을 한 단계 향상시킬 수 있도록 탄탄한 커리큘럼을 제공하고, 특히 영어 과목과 리더십 과목을 필수로 수강하여 Creative Leadership을 갖춘 미래의 CEO를 양성하는데 중점을 두고 있다. 또한 한 학기를 2개로 나누어 운영하는 모듈형 학기제를 통해 더 다양한 과목을 선택할 수 있고, 여름(7월)과 겨울(1월)에 집중세션을 운영하여 학습 효과를 극대화하고 있다. 졸업 후 다양한 타 직군으로 변경하거나, 이직, 승진 등이 활발한데, 강력한 동문 네트워크를 활용하여 금융, 컨설팅, IT, 제조업 등 다양한 산업군에서 활약하는 연세대 MBA 출신들과 연결될 수 있다는 장점이 있다.

고려대학교 MBA

1963년 고려대학교 경영대학원에 우리나라 최초 MBA가 개설된만큼 오랜 역사와 전통을 자랑하고 있다. 전통의 고려대학교답게 전문역량과 휴먼 네트워크 강화에 최적인 전통 MBA 과정인 K-MBA는 경영 이론 및 실무 역량과 리더십을 겸비한 관리자 양성을 목적으로 하며, 재무금융 분야를 선도하는 전문가 양성에 특화된 Finance MBA와 최고 경영진 양성을 위한 고품격, 집중식 MBA인 Executive MBA를 운영하고 있다. K-MBA / Finance MBA는 2년 파트타임 과정으로 주중 저녁과 토요일에 수업이 진행하며, 두 과정 모두 수료 후, 기술경영전문대학원(MOT)에서 석사 과정을 1년 수학하면 추가 석사 학위(기술경영학 석사, 국방기술경영학 석사 또는 지식재산경영전략학 석사)가 가능한 것이 특징이다. 역사가 오래된 만큼 강력한 동문네트워크를 바탕으로 비즈니스가 활발히 연결되기도 한다.

과정명	K-MBA	Finance MBA	Executive MBA
모집인원	200명 내외	40명 내외	55명 내외
교육대상	현재 재직 중인자	현재 재직 중인자	만 10년 이상 직장근무 중견간부, 개인사업자
이수학점	45학점	45학점 (전공 36학점 이상)	45학점
심화전공	국제경영, 마케팅, 인사조직, 전략, 재무, 회계, LSOM, MIS 집중수강	기업금융, 디지털금융, 자산운용(희망자에 한함)	-
수업구분	Part-time		
수업시간	월, 금 19:00~21:45 토요일은 과목별 시간 상이	수, 목 19:00~22:00 토요일은 과목별 시간 상이	금~토 격주 금 15:00~19:00 토 09:00-18:00
수업기간	2년(4학기)	2년(4학기)	2년(4학기)
졸업논문	없음	없음(학점평균 3.0 이상)	없음

참고 : MBA 과정 역시 정기 고연전 또는 연고전을 진행한다.

출처: 개인 촬영.

영원한 라이벌인 연세대와 고려대! 스포츠를 통해 화합을 다지는 '고연전' 또는 '연고전'은 대학가를 대표하는 스포츠·문화 교류 행사로 Yonsei/Korea MBA 역시 비슷한 시기에 강의실을 벗어나 다양한 스포츠 종목(야구, 축구, 농구, 골프 등)으로 '고연전' 또는 '연고전'을 진행한다. 동기, 선배, 때론 교수님들과 함께 고려대/연세대를 각각 응원하며 원우애와 불타는 열정을 느낄 수 있다.

성균관대학교 MBA

성균관대학교는 글로벌 비즈니스 환경에 대응할 수 있는 전문 경영인 양성을 위해 다양한 MBA 프로그램을 운영하고 있다. 직장인들을 위한 2년의 야간 과정으로 진행되는 Professional MBA는 100% 영어로 진행되는 수업으로 Indiana University Kelley School of Business와의 복수학위 프로그램을 통해 국제적 경쟁력을 갖춘 교육환경을 제공한다. 다른 하나의 경영전문대학원에서는 EMBA 과정에서는 주중 야간 수업과 토요 집중수업을 통해 직장 생활과 출석의 병행에 따른 시간적 부담을 해소하고 있으며, 2002년 최초로 교육부 인가를 받은 글로벌 온라인 MBA 프로그램인 IMBA를 통해 시간과 장소에 구애받지 않고 학습할 수 있는 환경을 제공하고 있다. 성균관대학교 MBA는 상반기, 하반기 입학으로 연 2회 입학 전형을 진행하는 것도 특징이다.

과정명	Professional MBA	EMBA	IMBA
모집인원	연간 80명 내외	25년 00명으로 표기	연 200명 내외
교육대상	2년 이상 경력	현재 재직 중인자	현재 재직 중인자
이수학점	45학점	45학점 융복합/글로벌학습 필수	45학점

심화전공	Marketing, Finance, Strategic Management	Management / ICT &Data Analytics / Marketing / Accounting / Finance 중 선택 (9학점 이상)	-
수업구분	Part-time		
수업시간	화, 목 19:00~22:20	화, 수, 목 19:00~23:10 토 학기 전반 09:00~13:00 학기 후반 14:00~18:00	온라인 강의 (하이브리드)
수업기간	2년(4학기)	2년(4학기)	2년(4학기)
졸업논문	없음	없음(학점평균 3.0 이상)	없음 (평점평균 3.0 이상)

▰ 서강대학교 MBA

서강대학교 Professional MBA는 최고 수준의 교수진을 통한 지식의 전달뿐 아니라, 컨텐츠의 전문성과 강의력이 검증된 다수의 실무전문가분들을 모시고, 교과과정 내에 실무전문가 트랙을 구성하여 실무적 감각과 통찰력을 습득할 수 있는 기회를 제공한다. 전후기 연 2회 직장인들을 위한 야간 MBA 신입생을 모집하고 있으며, 화·수·목 야간 수업과 토요일 수업을 진행한다. 투자유치, IPO, 이노베이션 Leadership, 디지털기술융합 등 비학위 과정의 mini MBA를 다양하게 운영하는 것도 특징이다.

▰ 한양대학교 MBA

급격하게 변화하는 경영 환경에 능동적으로 대처할 수 있는 국제적 감각을 가진 전문경영인과 신규 창업을 목표로하는 CEO 양성을 목표로 하고 있으며, 경영학 전반에 걸친 폭넓은 지식의 습득은 물론, 개인별 경영 교육 니즈에 부합하여 전문성을 갖출 수 있는 맞춤형 교육 설계를 지향하고 있다. 또한 전문 분야에 대한 심도 있는 지식을 보유한 실무형 전문가 육성을 목표로 야간·주말 −의료 경영, 금융투자, 럭셔리브랜드 경영, 디지털비즈니스, ESG/주간 −문화예술 경영, 글로벌 YES 등을 운영하고 있다. 2010년 AACSB 국제인증을 획득하였고, 다양한 인재들이 글로벌 선도기업에 스카우트된 사례도 있다.

이화여자대학교 MBA

이화 MBA는 Mini−Semester로 운영된다. 봄학기와 가을학기를 2개의 Mini 학기로 구성하고, 여름과 겨울을 각각 1개의 Mini 학기로 구성하여 연간 총 6개의 Mini−Semester로 구성된다. Mini−Semester 제를 통하여 학생들은 보다 다양하고 충실한 커리큘럼을 제공받게 된다.[26] 여성이 주체가 되고 리더가 되는 특화된 여성 리더십 교육을 통해 경영 분야에서 여성이 당면하는 다양한 문제를 해결하고, 그 역량을 극대화 하도록 하는 여성 리더십 및 윤리경영 프로그램을 운영하는 것이 특징이다. 직장 생활을 병행하면서 MBA 과정을 이수하고자 하는 분들은 Frontier MBA 2년 과정을 통해 경영학 석사 학위를 취득할 수 있다.

중앙대학교 MBA

중앙대학교 경영전문대학원은 글로벌 경영환경에서 기업의 경쟁우위를 담보할 수 있는 역량과 탁월한 리더십, 풍부한 현장 경험을 바탕으로 창의적 사고를 갖춘 전문인력 양성을 목표로 하는 CAU−Leader MBA과정에서는 마케팅커뮤니케이션, 미디어와 엔터테인먼트 경영, 재무정보와 자산관리, 비즈니스 분석 및 디지털전환, ISOM, 인사/조직, 전략/국제경영의 심화 전공을 운영하고 있다. 최근 기업경영환경의 새로운 화두로 회자되는 ESG(Environmental, Social, Governance)

경영전문인력 육성을 목표로 온라인과 오프라인 수업이 결합된 Sustainable Management MBA 과정을 개설하였다. 매학기 2~3회 대면 수업을 진행하며, 그 이외에는 비대면 실시간 온라인 강의를 원칙으로 하고 있어, 아주대 MBA와 성균관대 IMBA 처럼 직장인들이 시간활용을 충분히 할 수 있다는 장점이 있으며, 두 과정 모두 전기와 후기 입학 전형을 실시한다.

■ 경희대학교 MBA

4차 산업혁명 시대에 필요한 창의적 사고와 혁신적인 교육을 통해 비즈니스 환경에 적응하는 미래 경영인을 양성한다는 목표로 다양한 학과 중심의 MBA를 운영하는 것이 특징이다. 경영학과, 세무관리·회계학과, 미디어&커머스 경영학과, 융합경영학과, 의료경영학과, 문화예술경영학과, E-MBA, 부동산학과 등이 있으며, 경영학과는 다시 전략경영, 국제경영, 경영컨설팅, 코칭사이언스, AI비즈니스, 아시아경영, 브랜드매니지먼트, 스타트업비즈니스, 서비스 경영으로 나뉘며, 미디어&커머스 경영학과는 메타버스비즈니스, E-커머스 학과 등으로 세부 전공이 있는 것이 차별화된 운영 방식이라고 할 수 있다. 매년 전기와 후기를 나누어 2번 입학생을 모집한다.

■ 서울시립대학교 MBA

새로운 시대가 요구하는 경영지식으로 사회에 공헌하는 경영인재를 육성하는 것을 목적으로 한다. 학생들이 배양해야 할 경영지식&전문성 역량, 글로벌 역량, Self&Team 리더십 역량 이외에도 창의혁신과 사회적 책임을 다할 수 있는 인재를 통해 공유가치를 창출하고자 각 역량들의 실무적 능력 함양을 강조한다. 서울시립대학교 MBA는 서울특별시의 든든한 재정지원을 통한 합리적인 등록금 정책(24년 기준 입학금+등록금 금액 3,955,000원)을 지향하고 있으며, 폭넓은 장학금 혜택을 통해 학생들의 학업 의욕을 고취시키고 있다. 세부 전공으로는 회계, 재무, 인사조직, 마케팅, 오퍼레이션스, 경영정보, 국제경영 등이 있다.

건국대학교 MBA

지하철 2호선과 7호선이 연결되는 최고의 대중교통 접근성과 산책하기 좋은 친환경 캠퍼스 등 학생들의 접근성면에서는 우수한 지리적 특성(강남에서 지하철 15분~20분거리)을 가지고 있다. 일반경영 MBA와 Digital Transformation MBA, 인사조직·노사 MBA를 운영하고 있으며, 다수의 최신 경영사례 중심으로 필드 프로젝트를 수행하여, 실제적인 의사결정 및 문제해결 능력 배양을 목표로 하고, 현업 전문가들의 특강을 통해 실무에 적용 가능한 살아있는 지식을 전달하기 위해 노력하고 있다. MBA 재학생들이 참여하는 'MBA 경영사례분석대회'에서도 다양한 수상의 쾌거를 이루어 내고 있어, 경영사례분석 기반의 맞춤 수업이 효과적으로 운영되는 것을 객관적으로 보여주고 있다.

동국대학교 MBA

서울 중심 남산자락 아래 위치하여 우수한 접근성과 쾌적한 교육환경을 제공하며, 지하철 3호선 동대입구역, 다양한 버스 노선, 도심공원(남산, 장충단공원), 문화공간(동대문, 명동) 등을 가지고 있다. 특히 동국대학교 MBA는 직장인 친화형 학사제도를 운영한다. Dongkuk MBA, 비즈니스데이터애널리틱스 MBA, 의료기기혁신경영 MBA, Pharm MBA로 구성되어 있으며, 모두 1.5년(3학기+계절학기)만에 석사 학위 취득이 가능하다. 평일(수/금)은 비대면 수업, 주말(토)은 대면 수업으로 시간 활용이 용이하다는 장점이 있다. 또한 집중이수제도와 학부수강과목 이수 면제 제도 등도 시행하고 있다.

전남대학교 MBA

전남대학교 경영전문대학원은 정부의 한국형 MBA 육성 계획에 따라 2007년 1월 24일 인가되었으며 서울대, 고려대, 연세대 등 국내 13개 경영전문대학원 중 유일한 지방소재 국립 경영전문대학원이며, 실용화 교육(Practical Management Education), 학제간 융·복합 교육(Interdisciplinary Training), 국제화 교육(Global Orientation)을 지향하는 MBA 프로그램을 통하여 학생들은 자신의 미래를 보다 구체적으로 설계할 수 있다. 한국형 MBA는 일반, 재무회계, 빅데이터 경영 등 3개의 트랙 중 선택이 가능하며, 평일 야간, 주말 수업을 원칙으로 하고 있다.

해외 각국의 유수 MBA 프로그램과의 다양한 교류협력 체계를 구축하여 MBA 교육의 국제화를 추진하며, 특히 아시아권 국가들과의 협력을 통한 범아시아권 특화 프로그램을 추구합니다. 또한 미국, 중국, 일본, 동남아 등 주요 경제권의 유수 MBA 프로그램에 현지수학 기회를 제공합니다. 재학생들은 본인의 선택에 따라 일정 요건을 충족시키면 미국의 Southern Oregon University, 중국의 Lanzhou University, 태국의 Sasin Graduate Institute of Business Administration of Chulalongkorn University, 대만의 National Taiwan University of Science and Technology, 인도의 Institute of Management Technology, Christ University, 베트남의 FPT School of Business, 그리스의 ALBA 경영대학 등에서 수학할 수 있다. 모집은 전기, 후기 연간 2회 진행한다.

3. 기업 연계 프로그램

MBA 과정에서 기업 연계 프로그램은 실무 중심의 교육을 강화하고, 학생들이 학업과 업무를 병행하면서 경영 역량을 키울 수 있도록 하는 중요한 요소다. 특히 국내 MBA 과정은 직장인을 대상으로 하는 경우가 많기 때문에, 기업과 학교가 협력하여 맞춤형 교육을 제공하는 다양한 형태의 프로그램이 운영되고 있다. 기업과 대학 간의 협력 방식은 크게 계약학과 운영, 기업 위탁교육, 기업의 학비 지원 코스 등으로 구분될 수 있으며, 이러한 프로그램은 기업과 학생(직장인) 모두에게 실질적인 가치를 제공한다. 이는 MBA 과정이 단순한 개인의 학위 취득이 아니라, 기업의 인재 육성과 조직의 성장을 위한 전략적 투자로 자리 잡고 있음을 의미한다.

우선, 계약학과 운영(기업 맞춤형 MBA 과정)은 특정 기업과 대학이 협약을 맺고, 기업이 필요로 하는 경영 역량을 반영한 맞춤형 MBA 과정을 운영하는 방식이다. 국내 여러 대학들이 특정 기업과 협력하여 계약학과 형태의 MBA 과정을 운영하고 있으며, 이를 통해 기업은 내부 인재를 체계적으로 육성할 수 있다. 연세대학교의 경우, 계약학과를 통해 기업이 요구하는 경영 역량을 중심으로 커리큘럼을 설계하고 있으며, 이는 단순히 일반적인 경영 교육이 아니라 기업의 전략과 연계된 실무 중심의 학습을 제공한다. 이러한 계약학과 방식의 MBA 과정은 기업 입장에서 내부 인력을 효과적으로 양성할 수 있는 시스템을 구축하는 데 도움이 되며, 직원 입장에서는 학비 부담을 줄이면서도 MBA 과정을 이수할 수 있는 기회를 얻게 된다. 특히, 계약학과 방식은 특정 기업에서 일하고 있는 직원들만을 위한 맞춤형 교육이기 때문에, 학생들은 자신이 속한 조직의 특성을 반영한 경영전략을 학습할 수 있으며, 실무와 학업을 동시에 병행하며 효과적인 시너지 효과를 얻을 수 있다.

　기업과 대학 간의 협력은 계약학과 운영뿐만 아니라, 기업 위탁교육(기업 맞춤형 경영 교육 프로그램) 형태로도 확대되고 있다. 기업 위탁교육은 기업이 직접 교육을 의뢰하면 대학이 해당 기업의 필요에 맞춘 커리큘럼을 설계하여 제공하는 방식으로, 이는 기존의 정규 MBA 과정과는 차별화되는 맞춤형 교육이라는 점에서 주목할 만하다. 예를 들어, 기업이 디지털 트랜스포메이션과 데이터 분석 역량을 필요로 한다면, 대학에서는 해당 기업이 요구하는 내용에 맞춰 해당 분야의 전문가 강사진을 구성하고, 특정 기업의 사례를 바탕으로 한 실습형 강의를 제공할 수 있다. 이와 같은 기업 맞춤형 경영 교육 프로그램은 실무 중심의 경영 교육을 원하는 기업들에게 매우 유용하며, 조직 전체의 경영 역량을 강화하는 효과적인 방법이 될 수 있다.

　많은 경영(전문)대학원에서 다양한 기업 맞춤형 교육 프로그램을 운영하고 있으며, 기업들이 필요로 하는 교육 내용을 반영하여 맞춤형 과정을 설계하는 방식으로 진행되고 있다. 기업들은 이를 통해 자사의 경영진과 직원들에게 최신 경영 트렌드를 교육하고, 조직 내에서 보다 효과적인 의사결정을 내릴 수 있도록 돕는다. 또한, 기업 위탁교육 방식은 대기업뿐만 아니라 중견·중소기업에서도 활용될 수 있으며, 단순히 경영학적 지식을 전달하는 것을 넘어 기업의 성장과 직결되는 핵심 역량을 키우는 데 초점을 맞추고 있다. 이러한 기업 위탁교육은 단기 집중 과정으로 운영되는 경우도 있으며, 기업의 인사 정책과 연계되어 승진이나 리더십 프로그램의 일환으로 활용되기도 한다. 예를 들어, 신임 임원들을 대상으로 한 경영 리더십 과정이나, 중간 관리자들을 위한 전략적 사고 및 문제 해결 과정 등이 이에 해당한다.

　이와 함께, 기업의 학비 지원 프로그램은 기업이 직원들의 MBA

학비를 지원하는 방식으로 운영된다. 대기업을 중심으로 내부 인재 육성을 위해 MBA 학비를 지원하는 프로그램이 많으며, 이를 통해 직원들은 회사를 그만두지 않고도 경영학 석사 과정을 이수할 수 있다. 특히 글로벌 기업이나 국내 대기업들은 일정 기간 근속을 조건으로 MBA 학비를 지원하는 경우가 많으며, 이를 통해 직원들은 커리어 개발의 기회를 얻고, 기업은 내부 인재를 전략적으로 육성할 수 있다. 삼성, SK, LG 등의 기업들은 사내 MBA 지원 프로그램을 운영하고 있으며, 일부 기업들은 해외 MBA 과정에도 직원들을 파견하여 글로벌 경영 역량을 키울 수 있도록 지원한다.

기업의 학비 지원 프로그램은 직원들에게는 경제적인 부담을 줄여주면서 학습 기회를 제공하고, 기업 입장에서는 내부 인재의 경영 역량을 강화하는 투자로 작용하는 구조다. 특히, 기업의 학비 지원을 받으며 MBA 과정을 수료한 직원들은 향후 조직 내에서 중요한 역할을 담당할 가능성이 크며, 경영전략 수립, 조직 운영, 재무 분석 등 다양한 분야에서 실질적인 성과를 창출할 수 있다. 이에 따라, 기업들은 단순한 복리후생 차원에서 학비 지원을 제공하는 것이 아니라, 장기적인 인재 육성 및 조직 경쟁력 강화를 위한 전략적인 도구로 활용하고 있다.

최근에는 이러한 기업 연계 MBA 프로그램이 더욱 다양화되고 있으며, 단순한 학위 과정뿐만 아니라, 기업 내 미니 MBA(Mini MBA) 과정과 같은 단기 교육 과정에 대한 수요도 증가하고 있다. 전통적인 MBA 과정이 1~2년 동안 진행되는 학위 과정이라면, 미니 MBA는 기업이 직원들의 경영 역량 강화를 위해 단기 집중 교육 프로그램을 운영하는 형태다. 이는 특히 빠르게 변화하는 경영 환경에서 핵심적인 경영 지식과 리더십 역량을 단기간에 습득할 수 있도록 한다는 점에서 각광받고 있다. 기업들은 자체적으로 미니 MBA를 운영하거나, 대학과 협력하여 맞춤형 교육 과정을 제공하기도 한다.

예를 들어, IT 기업들은 디지털 트랜스포메이션과 데이터 분석 역량을 강화하기 위한 미니 MBA 과정을 운영하고 있으며, 금융 기관들은 핀테크 및 리스크 관리를 중심으로 한 단기 MBA 프로그램을 제공하고 있다. 이러한 미니 MBA 과정은 경영자가 아니더라도 중간관리자나 실무자들이 빠르게 경영 지식을 습득하고 실무에 적용할 수 있도록 도와주는 역할을 하며, 기업들은 이를 통해 내부 인재의 경쟁력을 높이는 효과를 기대할 수 있다. 특히, 스타트업이나 신사업 개발을 추진하는 기업들은 단기적으로 경영 역량을 강화할 필요가 있기 때문에, 미니 MBA 과정을 활용하여 조직 내 핵심 인재들에게 필요한 지식을 집중적으로 제공하는 방식이 효과적일 수 있다.

결과적으로, 기업과 대학 간의 협력은 MBA 과정이 단순한 학문적 교육을 넘어, 실제 경영 환경에서 적용 가능한 실무 역량을 강화하는 방향으로 변화하고 있음을 보여준다. 계약학과 운영을 통해 기업 맞춤형 경영 교육을 제공하고, 기업 위탁교육을 통해 특정 산업과 조직의 니즈에 맞춘 경영 교육을 설계하며, 기업의 학비 지원 프로그램을 통해 내부 인재를 효과적으로 육성하는 것이 현대 MBA 과정의 핵심 전략이 되고 있다. 이는 MBA가 더 이상 단순한 개인의 학위 취득 과정이 아니라, 기업의 지속적인 성장과 경쟁력 강화를 위한 중요한 도구로 자리 잡고 있음을 의미한다. 앞으로도 기업과 대학 간의 협력이 더욱 강화되면서, MBA 과정은 더욱 실용적이고 전략적인 방향으로 발전할 것으로 보인다.

4. MBA 최신 트렌드

MBA는 단순한 학위 취득의 수단이 아니라, 시대의 변화와 함께 끊임없이 진화하고 있다.

과거 MBA 과정은 전통적인 경영학 이론 중심의 학문적 접근 방식에 초점을 맞췄다. 회계, 재무, 마케팅, 조직이론과 같은 고전적인 과목들을 중심으로 경영 전반에 대한 기본기를 다지는 데 주력했다. 이 시기의 MBA는 탄탄한 경영 이론과 사례 분석을 통해 기업 운영의 기본 원리를 이해하고 적용할 수 있는 인재를 양성하는 데 목적이 있었다. 그러나 오늘날의 MBA는 과거와는 다른 모습으로 변화하고 있다. 기술 발전과 사회 구조의 변화, 글로벌 비즈니스 환경의 급격한 혁신은 MBA의 방향성에도 큰 변화를 가져왔다.

4차 산업혁명의 도래와 함께, 인공지능(AI), 빅데이터, 블록체인, 사물인터넷(IoT) 등 신기술이 기업 경영에 본격적으로 적용되기 시작했으며, 경영자는 더 이상 전통적인 관리 기술만으로는 기업을 이끌 수 없는 시대에 접어들었다. 디지털 트랜스포메이션은 기업 경영의 기본 전제를 바꿔놓았다. 시장 분석, 고객 관리, 제품 개발, 재무 전략 등 경영의 모든 분야에 데이터 기반 의사결정이 요구되며, 이에 따라 MBA 과정 역시 데이터를 이해하고 분석하는 역량, 디지털 전략을 수립하고 실행하는 능력을 필수적으로 길러야 하는 방향으로 커리큘럼을 재구성하고 있다.

또한 ESG(환경·사회·거버넌스)가 기업 경영의 핵심 기준으로 자리 잡으면서, MBA 교육에서도 지속 가능한 경영, 사회적 가치 창출, 윤리적 리더십에 대한 중요성이 강조되고 있다. 단순히 수익을 추구하는 경영자가 아니라, 기업의 사회적 책임을 이해하고 실천할 수 있는 포용적 리더를 길러내는 것이 MBA의 새로운 미션이 되어가고 있다.

스타트업 생태계의 성장은 MBA의 지형에도 중요한 변화를 가져왔다. 과거에는 MBA 졸업생들이 대기업, 컨설팅, 금융권 진출을 주요 경로로 삼았다면, 최근에는 창업을 선택하거나 벤처 캐피털, 스타트업 액셀러레이터, 혁신 기업으로 커리어를 이어가는 경우가 빠르게 증가하고 있다. 이에 발맞춰 많은 MBA 과정에서는 기업가 정신(Entrepreneurship), 스타트업 경영, 신사업 개발 등의 과목을 강화하고 있으며, 실질적인 창업 프로젝트를 지원하는 프로그램도 확대되고 있다.

마지막으로, COVID19 팬데믹은 MBA 교육 방식에도 큰 전환점을 가져왔다. 전통적으로 오프라인 중심이었던 MBA 과정은 온라인 및 하이브리드 학습 모델로 빠르게 전환되었고, 이는 시간과 장소에 구애받지 않는 새로운 형태의 학습 기회를 만들어 냈다. 온라인 MBA 프로그램의 활성화는 다양한 배경을 가진 직장인, 해외 거주자, 경력단절 인재들에게도 MBA 진학의 문을 넓히는 계기가 되었다. 오늘날의 MBA는 단순한 경영 지식을 넘어, 디지털 기반 역량, ESG 감수성, 창의적 문제 해결력, 유연한 리더십을 갖춘 인재를 양성하는 방향으로 재편되고 있다. MBA를 고민하는 이들은 이제 과거처럼 '좋은 학교에 들어가는 것'만을 목표로 삼기보다는, 자신의 커리어 목표와 미래 환경에 맞춰 어떤 MBA가 적합한지 그리고 어떤 역량을 키워야 하는지를 전략적으로 고민할 필요가 있다.

1) 디지털 전환과 MBA 커리큘럼의 변화

디지털 전환은 이제 기업 경영의 '선택'이 아니라 '생존'을 위한 필수 조건이 되었다. 4차 산업혁명의 도래와 함께 AI(인공지능), 빅데이터, 블록체인, 클라우드 컴퓨팅, 핀테크 등 첨단 기술은 기업의 전략 수립과 실행 방식에 지대한 영향을 미치고 있다. 이러한 흐름 속에서 MBA 과정도 빠르게 변화하고 있다. 과거 MBA 교육이 전략, 재무, 마케팅, 조직관리 등 전통적인 경영학 과목에 중점을 두었다면, 오늘날의 MBA는 데이터 분석과 비즈니스 인텔리전스를 기반으로 한 의사결정 역량을 핵심 교육 목표로 삼고 있다. 기업들은 이제 경험이나 직감만으로 의사결정을 내리는 것이 아니라, 방대한 데이터를 수집하고 분석하여 과학적이고 체계적인 전략을 수립해야 하는 환경에 놓여 있다. 이러한 현실을 반영하여 많은 MBA 프로그램들은 데이터 사이언스와 경영학을 결합한 융합형 커리큘럼을 강화하고 있다. 구체적으로는, AI를 활용한 비즈니스 의사결정 모델링, 머신러닝을 통한 시장 수요 예측, 블록체인 기술을 기반으로 한 금융 서비스 혁신, 클라우드 기반 공급망 관리(SCM) 시스템 구축 등이 주요 학습 주제로 다루어진다.

미국의 MIT 슬론 스쿨이나 스탠퍼드 MBA 프로그램은 '경영을 위한 데이터 과학', '디지털 경제 전략'과 같은 과목을 필수 또는 선택 과목으로 지정해, 경영자가 데이터 기술에 대한 기본 이해를 갖추도록 교육하고 있다. 국내에서도 KAIST, 연세대, 고려대 MBA 과정은 데이터 분석, 인공지능 비즈니스 전략, 디지털 혁신 관련 과목을 대폭 확대하는 추세다. 과거에는 통계학, 경영정보시스템(MIS) 과목이 단순히 부가적인 역할을 했던 것과 달리, 이제는 데이터를 읽고 해석하는 능력이 리더십 역량의 중요한 기준이 되고 있다. 경영자는 조직 내외부에서 생성되는 다양한 데이터를 기반으로 빠르게 변화하는 시장을 분석하고, 고객의 니즈를 예측하며, 경쟁우위를 창출할 수 있어야 한다.

이러한 변화는 단순한 이론 습득을 넘어 실제 사례 기반 학습을 통해 심화된다. 기업 데이터를 직접 분석하거나, 실습 프로젝트를 통해 머신러닝 기반 예측모델을 구축하는 등 실질적인 경험을 쌓는 수업 방식이 보편화되고 있다. 학생들은 과거처럼 케이스 스터디를 읽는 것에 그치지 않고, 실제 데이터 셋을 다루며 비즈니스 문제를 해결하는 프로젝트를 통해 '데이터 리터러시'(Data Literacy)와 '디지털 전략 사고'를 함께 길러나가고 있다. 결국 디지털 전환 시대의 MBA는, 단순히 '관리자'가 아닌 '데이터를 이해하는 전략가', '디지털을 활용하는 리더'를 양성하는 방향으로 진화하고 있다. MBA 진학을 고려하는 이들도 이러한 커리큘럼 변화를 면밀히 살펴, 자신이 갖추고자 하는 역량과 프로그램이 얼마나 일치하는지를 판단하는 것이 중요해졌다.

2) 창업, 벤처, ESG 트렌드의 강화

전통적으로 MBA 과정은 대기업 취업이나 승진을 목표로 하는 학생들이 대다수를 차지했다. 특히 안정된 커리어 패스를 선호하는 한국적 환경에서는 MBA 졸업이 곧 대기업 승진이나 임원 트랙에 올라서는 지름길로 여겨지기도 했다. 최근 들어 MBA의 중심축은 빠르게 변화하고 있다. 이제 MBA 과정은 단순히 대기업 입사나 이직을 위한 준비 과정이 아니라, 스타트업 창업, 벤처 투자, 신사업 개발을 위한 혁신 경영 플랫폼으로 진화하고 있다. 스타트업 생태계의 활성화, 글로벌 벤처 투자 증가, 기술 중심 산업 구조 변화는 MBA 교육의 방향을 근본적으로 바꾸어 놓았다.

기업가 정신(Entrepreneurship)과 혁신 경영(Innovation Management)을 강조하는 MBA 프로그램이 늘어나면서, 학생들은 단순한 이론 학습을 넘어 실제 창업 아이디어를 발굴하고, 비즈니스 모델을 구체화하며, 투자 유치까지 경험할 수 있는 인큐베이션 프로그램에 적극 참여하고 있다.

KAIST MBA(KMBA)는 대표적인 사례다. 기술 기반 창업과 경영을 결합한 커리큘럼을 운영하며, 학생들에게 스타트업 런칭 과정을 실제로 경험할 기회를 제공한다. 고려대학교, 연세대학교 MBA 과정 역시 기업가 정신 과목을 강화하고, 캡스톤 프로젝트(capstone project) 형태로 스타트업 비즈니스 모델 설계 과제를 운영하는 등 실질적 창업 경험을 지원하고 있다.

성균관대학교 MBA 프로그램에서는 '프런티어 경영 창의인재 육성사업단'을 통해 창업 역량 강화를 적극 추진하고 있으며, 학생들은 실리콘밸리 연계 프로그램, 국내외 스타트업 액셀러레이터 협력 프로젝트, 벤처 투자자 멘토링 등 다양한 실습형 기회를 제공받는다. 단순한 창업 이론 수업을 넘어, 시장 검증, 제품-시장 적합성(Product-Market Fit) 검증, 투자자 피칭 등 실전 역량을 갖출 수 있도록 설계되어 있다.

스타트업 액셀러레이터와 협력해 투자 유치까지 연결하는 프로그램이 늘어나고 있으며, 졸업 후 직접 창업에 뛰어드는 학생 비율도 점차 증가하는 추세다. 한편, ESG(환경·사회·거버넌스) 경영이 기업 전략의 핵심 요소로 부상하면서, MBA 과정에서도 ESG 교육이 중요한 축으로 자리 잡았다. 기업들은 이제 단순한 이익 창출을 넘어, 지속 가능한 가치 창출(Sustainable Value Creation)을 목표로 삼아야 하는 시대에 진입했다. 환경 보호, 사회적 책임, 윤리적 경영을 고려하지 않는 기업은 장기적으로 생존조차 위협받을 수 있다. 이에 따라 국내외 MBA 과정들은 친환경 비즈니스 모델, 사회적 책임 경영, ESG 투자(임팩트 투자) 등을 필수 과목이나 집중 트랙으로 편성하고 있다.

서울대학교 MBA는 '지속가능경영'(Sustainable Business) 과목을 통해 ESG 전략 수립과 실천 과정을 다루고 있으며, 성균관대 GSB(Global School of Business)에서는 ESG 기반 투자(Impact Investment)와 지속 가능 금융(Sustainable Finance)에 대한 강의를 강화했다. ESG 경영 실습 프로젝트, 지속 가능성 보고서 작성 실습 등을 통해 학생들이 실제 기업 경영에 적용할 수 있는 실질적 역량을 키우도록 지원하고 있다. 이러한 변화는 단순한 유행이 아니라, 앞으로의 경영자에게 요구되는 '지속 가능성', '책임 있는 리더십' 역량이 필수라는 점을 보여준다. 특히 글로벌 투자기관과 대기업들은 ESG 기준에 부합하는 기업에만 투자하거나 협력하는 경향을 보이고 있어, MBA 졸업생이 향후 리더십 포지션에 올라서기 위해서는 ESG 이해와 적용 능력이 기본 전제 조건이 되고 있다. 결국, 스타트업 창업 및 벤처 경영 역량, ESG 기반의 지속가능 경영 역량, 이 두 가지는 앞으로 MBA 과정에서 더욱 핵심적인 학습 목표가 될 것이다. MBA를 고민하는 이들도 이제, '대기업 승진'이라는 전통적 경로를 넘어 혁신과 지속 가능성이라는 새로운 시대의 요구에 부응하는 커리어 전략을 준비해야 하는 시점에 와 있다.

3) 온라인·하이브리드 MBA와 유연 학습의 확산

COVID19 팬데믹은 전 세계 교육 방식에 큰 변화를 가져왔다. MBA 과정 역시 예외는 아니었다. 전통적으로 캠퍼스에서의 대면 수업을 중심으로 운영되던 MBA 교육은 팬데믹을 계기로 급격한 전환점을 맞았고, 이에 따라 온라인 MBA 과정이 빠르게 활성화되었다. 이제 MBA 교육은 시간과 장소의 제약을 넘어서는 방향으로 진화하고 있다. 단순히 임시방편이 아닌, 온라인 및 하이브리드 학습 모델이 하나의 주류(Major Track)로 자리 잡은 것이다. 온라인 MBA 과정은 특히 직장인, 원격 근무자, 해외 거주자 등 다양한 학습자들에게 유연성을 제공하며, 학업과 커리어를 병행하려는 이들에게 강력한 대안이 되고 있다. 온라인 강의, 실시간 토론, 가상 프로젝트 기반 학습 등을 통해 학생들은 물리적 거리에 관계없이 수준 높은 MBA 교육을 받을 수 있으며, 다양한 국적과 배경을 가진 동료들과 글로벌 네트워크를 구축하는 데도 긍정적인 영향을 받고 있다.

세계적인 MBA 프로그램들도 이 변화를 빠르게 수용하고 있다. 하버드 비즈니스 스쿨(HBS)은 온라인 교육 플랫폼을 활용해 경영 리더십, 전략, 디지털 트랜스포메이션 등의 핵심 과목을 온라인으로 제공하고 있으며, 펜실베니아대 와튼스쿨(Wharton) 역시 자체 플랫폼을 통해 온라인 MBA 학습 프로그램을 강화하고 있다. 국내 역시 변화에 빠르게 대응하고 있다. 성균관대, 서강대, 세종대, 아주대, 한국외대 MBA 등 주요 대학들은 COVID19 이전부터 온라인 수업 시스템을 운영해 왔으며, 이제 본격적으로 대면 강의와 온라인 강의를 병행하는 하이브리드 형태를 적극 도입하고 있다. 하이브리드 MBA는 대면과 비대면을 자유롭게 선택할 수 있는 유연한 구조를 제공한다. 학생들은 수업 일정과 본인의 스케줄을 고려해 온라인으로 수강하거나, 필요할 경우 직접 오프라인 수업에 참여할 수 있다. 이로써 직장 업무, 개인 생활, 학업 간의 균형을 보다 효율적으로 조율할 수 있게 되어, 형식적 전환을 넘어 MBA의 본질에도 영향을 미치고 있다. 학습자들은 시간 관리, 자기 주도 학습 역량을 자연스럽게 강화하게 되고, 다양한 온라인 협업 도구를 통해 글로벌 프로젝트 경험을 쌓을 수 있으며, 직장과 학업 그리고 개인 생활을 병행하는 새로운 Work-Life-Learning Balance 모델을 실험할 수 있게 되었다. 결국 오늘날의 MBA는 단순히 '교실에서 배우는 경영학'이 아니다. 디지털 시대를 살아가는 경영자로 성장하기 위한 통합적 경험의 장이 되어가고 있다. MBA 진학을 고민하는 이들은 이제, 전통적인 풀타임 대면 MBA뿐 아니라, 본인의 커리어와 라이프스타일에 최적화된 "유연한 학습 모델"을 전략적으로 선택할 필요가 있다.

이처럼 MBA 과정은 과거의 전통적인 경영학 교육에서 벗어나, 실질적인 경영 환경의 변화에 맞춰 계속해서 발전하고 있다. 기업들은 이제 단순히 경영 지식을 갖춘 인재가 아니라, 디지털 기술을 활용할 줄 알고, 데이터를 기반으로 전략을 수립하며, ESG와 같은 글로벌 트렌드를 반영할 수 있는 경영자를 원하고 있다. 이러한 변화 속에서 MBA 프로그램도 디지털&데이터 중심 교육, 온라인&하이브리드 학습, 창업 및 벤처 지원, ESG 경영 강화 등 다양한 방향으로

제5장 국내 MBA현황 **147**

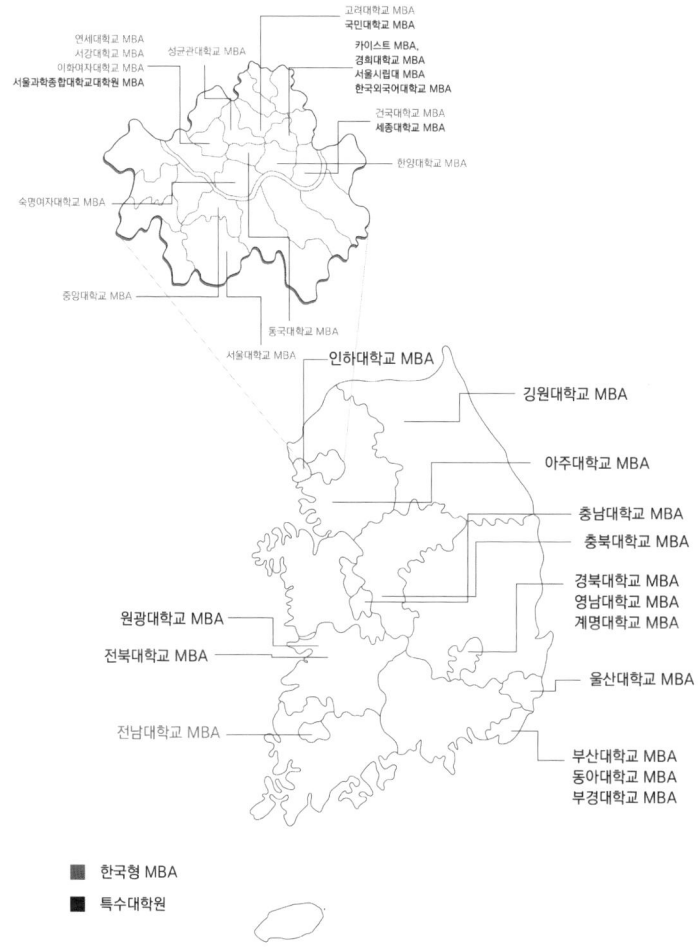

〈대한민국 MBA 대동여지도〉

변화하고 있다. MBA를 고민하는 학생들은 이제 기존의 전통적인 MBA 모델에서 벗어나, 자신이 추구하는 목표와 미래 환경에 맞는 맞춤형 MBA 과정을 선택하는 것이 더욱 중요해지고 있다. 단순한 학위 취득이 아니라, 실질적인 역량 강화를 통해 변화하는 시대 속에서도 경쟁력을 갖춘 경영자로 성장할 수 있도록 MBA 과정은 더욱 발전해 나가고 있다. 그렇다면, 이런 변화된 MBA 안에서 우리는 실제로 무엇을 배우고, 어떤 경험을 하게 될까?

제 6 장

무엇을 배우는가

1. 주요 전공 및 커리큘럼
2. 실무 중심 프로그램
3. 인적 네트워크의 힘

MBA 과정은 단순히 경영학 지식을 배우는 곳이 아니다. 현대 MBA는 학문적 기반 위에 실무 경험을 접목시키고, 다양한 배경의 사람들과 깊은 네트워크를 쌓으며, 향후 커리어와 리더십 성장을 위한 중요한 기반을 다지는 여정이다.

이 장에서는 MBA 과정을 통해 무엇을 배우게 되는지를 세 가지 관점에서 살펴보고자 한다. 첫째, 주요 전공 및 커리큘럼이다. MBA의 핵심은 경영학의 여러 전공 분야를 체계적으로 배우는 데 있다. 인사조직, 재무관리, 회계, 생산관리, 경영정보시스템, 국제경영, 마케팅, 경영전략 등 기본 전공 과목을 중심으로 1학년 동안 기초를 다지고, 2학년부터는 개인의 관심과 진로에 맞춰 심화 전공을 선택하여 전문성을 키운다. 둘째, 실무 중심 프로그램이다. MBA는 이론에 그치지 않는다. 경영 사례 분석, 실습형 프로젝트, 기업 연계 프로그램 등을 통해 학생들은 실제 비즈니스 현장을 체감하며 실무 감각을 키운다. 이 과정을 통해 경영 이론을 실질적인 문제 해결 능력으로 전환하는 경험을 하게 된다. 셋째, 인적 네트워크의 힘이다. MBA의 가장 큰 자산 중 하나는 다양한 산업과 직무를 가진 동료들과의 네트워크다. 수업, 팀 프로젝트, 소모임, 교내외 활동을 통해 긴밀한 인간관계를 쌓으며, 졸업 후에도 지속 가능한 비즈니스 파트너십과 커리어 협력을 가능하게 하는 소중한 자산을 얻는다.

이제부터 이 세 가지 축을 중심으로 MBA 과정이 어떤 배움의 장인지 구체적으로 살펴보자.

1. 주요 전공 및 커리큘럼

MBA의 학습 여정은 경영학의 다양한 전공 분야를 폭넓게 이해하는 것에서 시작된다. 기업 경영은 단일한 기술이나 지식만으로 이루어지지 않는다. 인사, 재무, 회계, 생산, 정보, 마케팅, 전략 등 경영의 모든 기능이 유기적으로 연결되어야 조직이 효과적으로 운영될 수 있다. MBA 과정은 이러한 경영의 기본 기능을 종합적으로 배우는 기회를 제공한다. 1학년에는 공통된 기본 전공 과목을 이수하며 경영학 전반에 대한 기초를 다지고, 2학년부터는 개인의 진로 방향과 관심사에 맞춰 특정 분야를 심화 학습할 수 있도록 설계되어 있다. 이는 경영자로서 반드시 갖추어야 할 종합적 사고 능력과 동시에, 자신만의 전문성을 구축할 수 있는 기반이 된다.

이제부터 MBA에서 다루는 대표적인 8가지 주요 전공 분야를 살펴보고자 한다. 각 전공은 단순한 지식 습득을 넘어, 현실의 경영 문제를 분석하고 해결하는 데 필요한 사고방식과 실천 역량을 기르는 데 중점을 두고 있다.

■ 조직행동론

조직행동론은 조직 내 개인과 집단의 행동을 이해하고, 이를 효과적으로 관리하기 위한 이론과 실무를 다루는 분야다. MBA 과정에서는 인사조직(Human Resources&Organizational Behavior) 영역의 핵심 기초로서 조직 구성원의 심리적·행동적 특성을 다각도로 분석하고, 이를 조직 성과와 연결하는 방법을 학습한다. 주요 학습 내용은 개인 수준, 집단 수준, 조직 수준으로 구분된다. 개인 수준에서는 동기부여 이론, 성격과 태도, 감정과 스트레스 관리 등을 다루며, 집단 수준에서는 팀워크, 리더십, 의사소통, 갈등 관리 등을 중점적으로 배운다. 조직 수준에서는 조직 문화, 조직 구조, 조직변화 및 혁신 등을 분석하고 이해하는 데 초점을 맞춘다. 수업은 이론 학습과 실습을 병행하는 형태로 운영된다. 각 주제별로 현실 조직 사례를 분석하거나 시뮬레이션을 통해 실제 적용 가능성을 높이는 방식이다. 이를 통해 학생들은 조직 내 다양한 인간 행동을 체계적으로 이해하고, 효과적인 조직 운영과 인적자원 관리를 위한 전략적 사고를 키우게 된다.

조직행동론은 MBA 과정의 모든 전공과목과 유기적으로 연결된다. 리더십 개발, 변화관리, 인재경영 전략 수립 등 이후 고급 경영활동의 기초가 되는 과목으로, 조직 내에서 사람을 이해하고, 동기부여하며, 협업을 이끌어 낼 수 있는 능력을 갖추도록 하는 데 그 목적이 있다.

■ 회계학

회계학은 기업 경영에 필요한 다양한 재무정보를 생성, 분석, 해석하는 방법을 다루는 학문이다. MBA 과정에서 회계학은 이론적 기초와 실무적 응용을 결합하여, 경영자가 조직의 재무상태를 정확히 이해하고 의사결정에 활용할 수 있도록 지원하는 데 중점을 둔다. 학생들은 재무제표(대차대조표, 손익계산서, 현금흐름표 등)를 작성하고 해석하는 기본 역량을 갖추게 된다. 또한 실제 기업 사례를 기반으로 재무제표를 분석하여 기업의 수익성, 안정성, 성장 가능성을 평가하는 실질적 능력을 기른다. 회계학 교육은 단순한 수치 계산을 넘어, 기업 경영 전반에 걸쳐 재무정보를 전략적으로 해석하고 활용하는 관점을 확립하는 것을 목표로 한다. 이를 통해 학생들은 기업 활동에 대한 이해도를 높이고, 경영자의 입장에서 회계 데이터를 적극적으로 분석하고 의사결정에 연결하는 능력을 발전시킨다.

■ 재무관리

재무관리는 기업의 자금 조달, 운용, 투자, 배당 등 모든 재무적 의사결정 과정을 다루는 핵심 전공이다. MBA 과정에서는 재무 이론과 실무 적용을 결합하여 경영자의 재무적 판단 능력을 체계적으로 강화하는 데 초점을 둔다. 핵심 개념으로는 화폐의 시간 가치(Time Value of Money), 투자 의사결정(Capital Budgeting), 자본 조달 구조(Capital Structure), 배당 정책(Dividend Policy) 등이 포함된다.

학생들은 기업가치 극대화를 목표로 자본의 효율적 운용 전략을 수립하고, 리스크를 관리하는 방법을 학습하게 된다. 수업은 재무이론의 이해를 기반으로 실제 기업의 투자 사례, 자금 조달 전략, M&A(인수합병) 등 다양한 실무 상황을 분석하는 방식으로 진행된다. 학생들은 단순한 재무지표를 넘어서, 기업 경영의 전략적 맥락에서 재무 의사결정을 내릴 수 있는 능력을 기른다.

■ 마케팅관리

마케팅관리는 기업의 마케팅 전략 수립과 실행을 체계적으로 다루는 전공이다. MBA 과정에서는 전통적 마케팅 이론부터 디지털 환경 변화에 대응하는 현대적 접근법까지 폭넓게 학습한다. 마케팅은 단순한 판매 활동이 아니라, 조직과 이해관계자 모두에게 가치를 창출하고 이를 효과적으로 전달함으로써, 고객과의 지속 가능한 관계를 구축하는 과정을 의미한다. 기업이 시장에서 차별적 경쟁우위를 확보하고 장기적인 성장을 이끌어내기 위해 필수적인 기능이다. 학생들은 마케팅의 기초 개념과 이론을 기반으로, 시장 지향적 사고, 고객 가치 창출, 소비자 행동 분석, 브랜드 전략, 가격 전략, 유통 및 커뮤니케이션 전략 등을 학습한다.

특히 SWOT 분석(강점·약점·기회·위협 분석), STP 전략(시장 세분화·

타깃팅·포지셔닝), 마케팅 믹스(4P: 제품·가격·유통·촉진) 등의 핵심 프레임워크를 실질적으로 적용하는 방법을 다룬다.

또한 디지털 시대에 맞춰, 온라인 소비자 행동 분석, 소셜미디어 마케팅, 데이터 기반 퍼포먼스 마케팅, 옴니채널 전략 등 현대적 마케팅 환경을 고려한 내용도 통합적으로 학습한다. 마케팅관리는 제품과 서비스를 시장에 성공적으로 정착시키는 방법을 넘어서, 고객을 이해하고, 차별적 가치를 제공하며, 기업과 고객 간의 상호 만족을 극대화하는 전략적 사고를 기르는 데 목적이 있다.과 원리를 이해하여 차별적 가치의 창출과 고객을 창조 및 유지하는 방법에 대하여 학습한다.

■ 생산관리

생산관리는 기업의 제품과 서비스가 효과적으로 설계되고, 운영되며, 관리될 수 있도록 지원하는 핵심 경영 분야다. MBA 과정에서 생산관리는 제조업뿐만 아니라 서비스업 전반에 걸쳐 적용 가능한 이론과 실무 기법을 다루며, 생산성과 경쟁력 향상을 목표로 한다. 핵심 학습 내용은 제품 및 서비스 프로세스 설계, 품질관리(Quality Management), 공급망 관리(Supply Chain Management), 재고관리(Inventory Management), 프로젝트 관리(Project Management) 등을 포함한다. 학생들은 생산 시스템의 효율성을 높이기 위해 공정분석, 일정계획, 원가 절감, 서비스 수준 향상 방안 등을 학습하게 된다. 특히 글로벌화와 디지털 기술 발전에 따라, 생산관리는 전통적 제조 관리뿐 아니라, 서비스 운영 전략, 디지털 공급망 관리, 지속 가능한 생산(Sustainable Operations) 등을 포괄하는 영역으로 확장되고 있다.

MBA 과정의 생산관리 교육은 이론적 원칙을 넘어, 실제 기업 사례를 분석하고, 시뮬레이션 기반 프로젝트를 통해 운영 최적화와 비용 효율성 증대를 위한 실질적 문제 해결 능력을 강화하는 데 중점을 둔다. 생산관리는 단순히 '만드는 일'을 넘어, 제품과 서비스가 고객에게 도달하기까지의 전 과정을 전략적 관점에서 최적화하는 경영자의 필수 역량을 함양하는 과목이다.

■ 국제경영

국제경영은 글로벌 비즈니스 환경에서 기업이 직면하는 다양한 도전과 기회를 이해하고, 이를 효과적으로 관리하기 위한 이론과 실무를 다루는 분야다. MBA 과정에서 국제경영은 기업의 국제화 과정과 글로벌 전략 수립, 다문화 경영, 해외시장 진출 전략 등 다양한 주제를 포괄한다. 학생들은 다국적 기업이 활동하는 정치적, 경제적, 사회문화적, 법적 환경을 체계적으로 분석하고, 국제 비즈니스에서 발생할 수 있는 리스크와 기회를 평가하는 방법을 학습한다.

특히 해외시장 진출 전략(직접 투자, 합작 투자, 라이선싱 등), 글로벌 공급망 관리, 국제 마케팅 및 현지화 전략에 대한 이해를 심화시킨다. 교육 과정에서는 실제 글로벌 기업 사례를 분석하거나, 특정 해외시장에 대한 심층 조사를 수행하는 프로젝트를 통해 국제화 전략의 성공요인과 실패요인을 구체적으로 파악하도록 구성된다.

국제경영 과목은 글로벌 경쟁 속에서 기업이 어떻게 전략을 수립하고, 다양한 문화와 제도적 환경에 적응하며, 지속 가능한 성장을 이끌어 낼 수 있는지를 체계적으로 준비하는 데 목적이 있다. 글로벌 역량은 오늘날 경영자에게 선택이 아니라 필수이다. 국제경영 과목을 통해 학생들은 글로벌 마인드셋과 함께, 변화하는 세계시장에서 전략적 사고와 실행 능력을 갖춘 경영자로 성장하는 기반을 다지게 된다.

■ 경영전략

경영전략은 기업이 변화하는 환경 속에서 경쟁우위를 확보하고 지속 가능한 성장을 이루기 위해 전략을 수립하고 실행하는 방법을 다루는 핵심 분야다. MBA 과정에서 경영전략은 이론과 실무를 균형 있게 결합하여, 학생들이 현실 비즈니스 환경에서 전략적 사고와 실행 역량을 갖출 수 있도록 설계되어 있다. 학생들은 기업 전략 학문의 주요 개념(Key Concepts)과 프레임워크(Frameworks)를 학습한다.

경쟁구조 분석, 자원 기반 관점(Resource-Based View), 가치사슬(Value Chain) 분석, 포지셔닝 전략, 블루오션 전략, 동적 역량(Dynamic Capabilities) 등 다양한 이론적 토대를 심도 있게 이해하고, 이를 실제 기업 사례에 적용해보는 훈련을 한다. 교육 과정에서는 전략 분야의 기존 주요 연구들을 리뷰하고, 각 이론의 발전 흐름과 쟁점들을 체계적으로 구조화하는 작업을 병행한다. 이를 통해 학생들은 단순한 지식 습득을 넘어, 실제 비즈니스 상황에서 발생하는 문제들을 전략적으로 분석하고, 대안을 도출하는 사고방식을 기르게 된다.

경영전략 과목은 단순한 "계획 수립"이 아니라, 시장 변화에 대한 민감한 인식, 조직 자원의 효과적 활용, 지속 가능한 경쟁우위 창출을 위한 통합적 역량을 개발하는 데 초점을 둔다. MBA에서 경영전략 과목은 다른 모든 경영 기능(마케팅, 재무, 생산 등)을 통합적으로 연결하는 상위 레벨의 사고 체계를 제공한다. 학생들은 전략적 사고를 통해 기업 경영의 큰 그림을 보고, 변화하는 환경 속에서도 조직을 선도할 수 있는 리더로 성장하게 된다.

경영정보시스템

경영정보시스템(MIS)은 정보기술(IT)을 활용하여 기업의 의사결정을 지원하고, 경쟁력을 강화하는 방법을 다루는 분야다. MBA 과정에서는 기술과 경영을 연결하는 실질적 역량을 개발하는 데 중점을 둔다. 학생들은 정보시스템의 기본 개념과 구조를 이해하는 것에서 출발하여, 데이터베이스 시스템, 비즈니스 인텔리전스(BI), 기업

자원관리(ERP), 고객관계관리(CRM), 공급망관리(SCM) 등 다양한 정보기술 솔루션이 기업 경영에 어떻게 적용되는지를 학습한다. 특히, 디지털 트랜스포메이션이 가속화되고 AI 시대가 본격화되면서, 기술 기반 사업화 전략, 디지털 플랫폼 비즈니스 모델, IT 기반 혁신 전략 등에 대한 이해가 필수적으로 요구되고 있다.

경영정보시스템 과목은 이러한 흐름을 반영하여, AI, 빅데이터 분석, 클라우드 컴퓨팅, 블록체인 등 신기술을 경영전략과 연결하는 방법을 다룬다. 학생들은 비즈니스 모델링 기법을 통해, 기술을 기반으로 새로운 가치를 창출하고, 시장 변화에 민첩하게 대응할 수 있는 조직 설계 및 전략 수립 방법을 실습하게 된다. MIS 교육은 단순한 IT 지식을 넘어, 정보기술을 활용해 비즈니스 문제를 해결하고, 데이터 기반 의사결정을 내리며, 기술 혁신을 기업의 성장동력으로 전환할 수 있는 경영자로 성장하는 것을 목표로 한다.

2. 실무 중심 프로그램

MBA 과정은 단순한 이론 학습을 넘어, 실제 비즈니스 현장에서 필요한 실질적 역량을 키우는 데 중점을 둔다. 대부분의 MBA 프로그램은 재무회계, 재무관리, 조직행동, 마케팅 등 핵심 경영 지식을 다루는 공통 과목을 필수적으로 이수하게 하며, 학생들은 1학년 동안 이러한 공통 과목을 통해 경영학 전반에 대한 기반을 다진다. 2학년부터는 각자의 관심 분야에 따라 전공을 선택하고, 심화 과목을 통해 전문성을 키워가는 구조로 운영된다.

MBA 과정은 일반적으로 4학기(2년) 체제로 구성되지만, 일부 프로그램은 6학기(2년 반~3년)로 운영되기도 하므로, 지원 시 각 대학의 커리큘럼과 모집요강을 상세히 확인하는 것이 필요하다.

공통적인 학습 구조 위에, 각 학교는 차별화된 실무 중심 프로그램을 운영하고 있다. 경영 시뮬레이션, 비즈니스 케이스 분석, 프로젝트 기반 학습은 거의 모든 MBA에서 기본적으로 포함되며, 일부 학교는 캡스톤 프로젝트, 글로벌 교환학생, 해외 연수, 산학협력 프로그램 등을 통해 실무 경험을 더욱 심화하고 있다. 이처럼 MBA의 실무 중심 프로그램은 학문적 이론을 넘어, 현장의 문제를 체감하고 전략적 해결책을 제시하는 능력을 키우는 데 초점을 맞추고 있다. 학생들은 다양한 실습과 프로젝트를 통해 경영자로서 필요한 실천적 사고와 실행력을 자연스럽게 기르게 된다. 특히 연구하고자 하는 특정 분야가 명확하다면, 각 대학의 특화 과목을 고려하여 지원 전략을 세우는 것이 중요하다. 분야별로 살펴보면 다음과 같다.

금융(Finance) 분야는 연세대학교(Finance MBA)와 카이스트(Finance MBA)가 대표적이며, 서울대학교 또한 금융 관련 심화 과목을 다수 개설하여 금융 전문 인재를 양성하고 있다.

기술·데이터(Technology & Data Analytics) 분야는 성균관대학교의 Techno MBA와 카이스트의 정보경영프로그램(IMMS) 과정이 주목할 만하다.

이들 프로그램은 디지털 전환, 데이터 기반 의사결정, 신기술 기반 비즈니스 혁신 등을 심도 있게 다룬다.

문화·의료(Culture & Healthcare Management) 분야는 경희대학교가 문화예술경영과 의료경영 특화 MBA를 운영하고 있으며, 동국대학교는 제약·바이오 산업에 특화된 과정을 통해 헬스케어 및 바이오 비즈니스에 특화된 커리큘럼을 제공하고 있다.

창업·혁신(Entrepreneurship & Innovation) 분야는 카이스트와 한양대학교가 강세를 보인다. 특히 창업, 벤처 투자, 신사업 개발 등을 중심으로 실질적인 스타트업 경영 역량을 키울 수 있는 과정을 강화하고 있다.

MBA 과정은 기본적인 공통 과목 외에도 각 대학마다 특화된 실무 경험 프로그램을 운영하고 있다. 주요 학교별 MBA 특징은 다음과 같다.

▪ 서울대학교 경영전문대학원

서울대학교 경영전문대학원은 한국을 넘어 아시아를 대표하는 경영 교육 기관으로서, 세계 수준의 학문적 깊이와 실무 중심 프로그램을 결합하여 차세대 글로벌 리더를 양성하는 데 주력하고 있다. 학생들은 이론적 엄밀성과 실무 적용 능력을 동시에 갖춘 경영 인재로 성장하기 위해 체계적이고 심도 깊은 교육 과정을 거치게 된다.

서울대 MBA는 프로그램 자체의 다양성과 전문성이 큰 강점이다. SNU MBA, Global MBA(GMBA), Executive MBA(EMBA) 세 가지 과정으로 운영되며, 각 과정은 학생들의 경력 단계와 목표에 맞춰 설계되어 있다. SNU MBA는 국내외 비즈니스 환경에서 활약할 수 있는 종합 경영 인재를 양성하는 것을 목표로 하고, Global MBA는 전 과정을 영어로 운영하여 다양한 국적의 학생들과 함께 국제 경영 역량을 심화할 수 있는 환경을 제공한다. Executive MBA는 경영 현장에서 풍부한 경험을 쌓은 임원급 리더들을 대상으로, 전략적 사고력과 글로벌 리더십을 강화하는 데 중점을 둔다.

서울대 MBA는 강력한 실무 프로그램을 자랑한다. 학생들은 글로벌 비즈니스 프로젝트를 통해 실제 해외 기업과 협력하여 전략 과제를 수행하고, 국내외 다양한 기관과의 연계를 통해 글로벌 인턴십에 참여하며 실질적인 경영 경험을 쌓는다. 또한, 최근 비즈니스 필수 역량으로 부상한 지속가능경영(ESG) 트렌드를 반영하여, ESG 경영전략 수립 실습 과목을 통해 학생들이 지속 가능성 기반 경영전략을 직접 설계하고 실행 방안을 도출하는 훈련을 받는다.

서울대 MBA의 국제화 프로그램도 눈에 띈다. 학생들은 글로벌 필드 트립에 참여해 해외 기업과 기관을 방문하며, 실제 비즈니스 현장을 체험하고 다양한 문화적, 산업적 맥락에서 경영전략을 학습하게 된다. 또한 세계 유수 대학들과의 해외 교환 프로그램을 통해 한 학기 동안 국제 경영 환경을 몸소 체득할 수 있는 기회를 갖는다.

학업 과정 전반에서는 캡스톤 프로젝트 수행이 필수다. 캡스톤 프로젝트는 학생들이 배운 경영 이론과 실무 지식을 종합하여 실제 기업 문제를 해결하는 데 적용하는 과정으로, 팀 기반으로 운영되며, 비즈니스 전략 수립, 시장 분석, 경영 혁신 제안 등 구체적 결과물을 만들어 낸다. 이를 통해 학생들은 학문과 실무를 연결하는 통합적 사고와 문제 해결 능력을 체계적으로 기르게 된다. 운영 체계 또한 국제 기준에 부합한다. Global MBA 과정은 영어로 전면 운영되며, 다양한 국적의 학생들이 함께 수학함으로써 자연스럽게 글로벌 협업 능력과 다문화 이해도를 높인다. 국내 학생들은 물론 해외 유학생들에게도 매력적인 과정으로 자리 잡고 있으며, 글로벌 경영 인재로 성장하기 위한 최적의 환경을 제공한다. 서울대 MBA의 또 다른 강점은, 학문적 엄격함과 실용성을 동시에 추구하는 교수진이다. 세계 유수 대학에서 학위를 받은 교수진과, 다양한 산업 분야 실무 경험을 갖춘 전문가들이 함께 강의를 맡아, 최신 경영 이론과 산업 현장의 실질적 이슈를 동시에 학습할 수 있도록 커리큘럼을 이끌어간다.

서울대학교 경영전문대학원은, 탁월한 학문적 기반, 실무 중심 교육, 글로벌 현장 경험 그리고 지속가능경영 트렌드에 선제적으로 대응하는 커리큘럼을 통해 학생들이 글로벌 스탠더드에 부합하는 경영 리더로 성장할 수 있도록 든든한 토대를 제공한다. 이 곳에서의 경험은 단순한 학위 취득을 넘어, 경영 철학과 실천 역량을 겸비한 진정한 글로벌 리더로 거듭나는 여정이 된다.

KAIST 경영전문대학원

KAIST 경영전문대학원은 기술과 경영의 융합을 핵심으로 삼고, 4차 산업혁명 시대를 선도할 혁신적 리더를 양성하는 것을 목표로 하고 있다. 학생들은 데이터 분석, 기술경영, 디지털 금융 등 다양한 분야를 넘나들며, 이론과 실무를 동시에 익히는 커리큘럼을 경험하게 된다. 실무 경험을 강화하기 위해 다양한 프로그램이 운영된다. 데이터 기반 경영전략 수립을 위한 실습 과목을 비롯해, 최신 트렌드를 반영한 AI/디지털 혁신 프로젝트 그리고 실제 기업과 연계한 현장 프로젝트 기반 학습이 활발하게 이루어진다.

학생들은 경영 이론을 학습하는 것에 그치지 않고, 실제 기업 환경에서 발생하는 문제를 데이터 분석과 기술적 접근을 통해 해결하는 경험을 쌓는다. 또한, 글로벌 역량 강화를 위해 해외 필드 트립 프로그램과 해외 교환 프로그램도 제공된다. 세계 유수 대학과의 교류를 통해 다양한 국제 비즈니스 환경을 직접 체험할 수 있다.

KAIST 경영전문대학원의 운영 과정은 학생들의 경력과 목표에 따라 세분화되어 있다. Executive MBA는 임원급 및 중견 관리자를 대상으로, 미래 혁신을 주도할 리더를 양성하는 프로그램이다. 이 과정은 기술과 경영의 융합을 기반으로, 4차 산업혁명 핵심 기술을 이해하고 이를 경영전략에 접목하는 역량을 배양한다. Professional MBA는 경력 5년 이상의 재직자들을 대상으로 하며, 기존의 커리어를 강화하고 경영학적 사고를 체계화하기 위한 커리큘럼으로 구성되어 있다. 총 48학점 이수 체계를 통해 풀타임 MBA와 동일한 수준의 학문적 완성도를 갖추도록 설계되어 있다. 또한 정보경영프로그램은 IT경영 전문가 양성을 목표로 하며, 디지털 혁신 및 비즈니스 애널리틱스 역량을 집중적으로 키우는 데 초점을 맞춘다. 디지털금융 MBA는 통계, 수학을 기반으로 한 정교한 계량적 기초 위에, 인공지능, 핀테크, 금융 투자 등의 심화 과정을 통해 디지털 금융 분야의 전문 인재를 양성하는 과정이다.

  KAIST 경영전문대학원은 교육 과정 전반에서 실무 적용성을 강조한다. PMBA를 기준으로 경영통계분석, 경영경제학, 리더십과 조직관리, 경영전략, 마케팅, 공급사슬관리, 기업재무, 재무회계 등 경영학 전반에 걸친 핵심 과목을 전공 필수로 다루며, 여기에 각자의 관심 분야에 따라 심화 과목을 선택할 수 있다. 현장 적용 프로젝트를 통해 학생들은 실제 비즈니스 이슈를 해결하고, 결과물을 바탕으로 경영전략을 설계하는 훈련을 받는다.

  KAIST MBA 과정의 또 다른 강점은 해외 경험이다. 파트타임 MBA 학생들도 해외 유수 대학과의 교환학생 프로그램에 지원할 수 있으며, 글로벌 필드 트립을 통해 해외 명문대 강의를 수강하고 글로벌 기업을 직접 방문하는 프로그램을 운영하고 있다. 이를 통해 학생들은 세계 수준의 경영 트렌드와 비즈니스 문화를 현장에서 체득할 수 있다. 무엇보다 KAIST 경영전문대학원의 모든 프로그램은 기술과 경영의 융합이라는 철학 아래 설계되어 있다. 4차 산업혁명 시대를 이끌어갈 혁신적 리더를 길러내기 위해, AI, 빅데이터, 핀테크, 디지털 트랜스포메이션 등 최첨단 분야를 경영전략과 실무로 연결하는 커리큘럼을 지속적으로 강화하고 있다. 학생들은 이 과정을 통해 경영학적 사고뿐만 아니라 기술 이해력, 데이터 기반 문제 해결 능력, 글로벌 감각을 겸비한 인재로 성장하게 된다. KAIST 경영전문대학원은, 전통적 경영 교육의 틀을 넘어 기술 기반 혁신과 실무 중심 학습을 결합한 독창적인 MBA 과정을 통해, 미래 산업을 이끌어갈 새로운 세대의 경영 리더를 준비시키고 있다.

▰ 연세대학교 경영전문대학원

글로벌 리더를 양성하기 위해 이론과 실무를 유기적으로 결합한 커리큘럼을 운영하고 있다. 학생들은 강의실 안팎에서 실제 경영 환경을 체험하며, 복합적 문제 해결 능력과 글로벌 감각을 함께 키울 수 있다. 실무 경험을 강화하는 다양한 프로그램이 제공된다. 대표적으로, 글로벌 팀 프로젝트를 통해 다양한 국적의 학생들과 협업하며 글로벌 비즈니스 과제를 수행하는 경험을 할 수 있다. 또한, 미국, 유럽, 아시아 등 해외 유수 대학과의 교환학생 프로그램을 통해 국제 비즈니스 환경을 직접 체험하고 넓은 글로벌 네트워크를 구축할 수 있다.

연세대 MBA의 특색 중 하나는 리더십 개발을 위한 참여형 프로그램이다. '제주도 리더십 프로그램'과 '백두대간 리더십 프로그램'이 대표적이며, 자연 속에서 팀 미션을 수행하거나 등산 등 체력 활동을 통해 팀워크와 리더십을 체득하게 한다. 특히 제주도 프로그램에서는 ESG 관련 미션을 수행하고, 영상을 제작하는 과정을 통해 창의적 문제 해결력과 리더십 역량을 동시에 끌어올리는 기회를 제공한다.

창업 및 스타트업 실습 프로그램도 활발히 운영된다. 기업가 정신과 벤처캐피털 투자 프로세스를 심도 있게 학습하고, 직접 창업 아이디어를 발전시켜 창업 경진대회에 참가할 수 있도록 지원한다. 벤처캐피털 실무 경험을 가진 교수진 및 다양한 스타트업 전문가들과 함께하는 강의가 제공된다.

연세대학교 MBA는 다양한 과정별로 특화된 커리큘럼을 제공한다. Advanced MBA는 폭넓은 경영지식과 실무 능력을 균형 있게 함양할 수 있도록 설계되었고, Corporate MBA는 실무 경험이 풍부한 중간 관리자를 대상으로 저녁 시간제 수업을 운영하며, 실무와 이론을 탄탄하게 결합한 프로그램을 제공한다. Finance MBA는 금융시장, 투자, 리스크 관리 등 금융 전문성 강화를 목표로 하는 과정이다. Executive MBA는 고위 경영자 및 임원을 대상으로 전략적 의사결정 능력과 리더십 역량을 집중적으로 강화하는 데 초점을 맞춘다. Global MBA는 전 수업이 영어로 진행되며, 다양한 국적의 학생들과 함께 국제 경영 사례를 학습하는 완전한 글로벌 트랙이다. 이 과정은 전체 학생의 약 60~70%가 해외 출신으로 구성되어, 국제 비즈니스 감각을 자연스럽게 키울 수 있도록 돕는다. 연세대 MBA 과정은 비즈니스 애널리틱스, 웹 및 텍스트 애널리틱스, 디자인적 사고, 비즈니스 게임 등 다양한 실습형 과목을 운영하여 최신 경영 트렌드를 반영하고 있다. 디지털 트랜스포메이션, ESG 경영, 스타트업 투자 트렌드 등 변화하는 시대 흐름을 반영한 수업이 다수 마련되어 있으며, 학생들은 강의 외에도 금융포럼, 스타트업 관련 특강 등 외부 명사 강연을 통해 실질적인 비즈니스 인사이트를 얻을 수 있다.

학생 개개인에 대한 맞춤형 지원도 강화되어 있다.

졸업 이후에도 강력한 동문 네트워크를 기반으로 폭넓은 비즈니스 기회를 이어나갈 수 있다. 또한, Concentration Certificate(전공 심화 인증) 제도를 통해 관심 분야를 심화 학습하고, 공식 인증서를 받을 수 있도록 지원하고 있다. 연세대학교 경영전문대학원의 MBA 과정은, 이론과 실무, 국내와 글로벌, 리더십과 전문성을 고루 아우르는 설계로, 학생들이 어디서든 통하는 진정한 경영 전문가로 성장할 수 있도록 돕고 있다.

고려대학교 경영전문대학원

고려대학교 경영전문대학원은 전통과 혁신을 아우르는 교육 철학 아래, 실무 중심의 MBA 과정을 운영하며, 글로벌 시대에 걸맞은 전문 경영인을 양성하는 데 힘쓰고 있다. 학생들은 이론적 지식은 물론 실제 비즈니스 환경에서 문제를 해결할 수 있는 실질적인 경영 역량을 체계적으로 갖추게 된다.

실무 경험을 강화하는 다양한 프로그램이 고려대 MBA의 큰 강점이다. 학생들은 팀 기반으로 운영되는 글로벌 비즈니스 프로젝트를 통해 실제 기업의 경영 과제를 수행하며, 전략 수립과 실행 과정을 직접 체험한다. 이 과정은 단순한 시뮬레이션을 넘어, 실질적인 기업 환경을 반영한 프로젝트를 통해 문제를 분석하고 해결책을 도출하는 데 중점을 둔다. 다양한 산업 전문가를 초청한 특강 프로그램이 정기적으로 운영되어, 최신 산업 트렌드와 생생한 실무 경험을 현장에서 배울 수 있다. 사례 연구 수업은 이론에 머무르지 않고, 실제 기업 사례를 심층 분석하여 실전 감각을 키우는 데 초점을 맞춘다.

고려대 MBA는 글로벌 감각을 키우기 위한 프로그램도 풍부하다. 학생들은 글로벌 현장학습 프로그램을 통해 해외 기업을 직접 탐방하고, 국제 경영전략과 현장 운영 방식을 체험할 수 있다. 멘토링 과정에서는 기업의 임원, 업계 전문가, 교수진 등 다양한 멘토들과 긴밀하게 소통하며 실질적인 커리어 전략을 구체화할 수 있다.

고려대학교 경영전문대학원의 MBA 과정은 네 가지 트랙으로 세분화되어 있다. Korea MBA는 국내 비즈니스 환경을 깊이 이해하고, 실무 중심 경영 능력을 강화하는 데 초점을 맞춘 프로그램이다. Global MBA는 영어로 수업이 진행되며, 다양한 국적의 학생들과 함께 국제 경영 사례를 중심으로 학습하는 과정이다. Executive MBA는 현직 임원 및 고위 관리자를 대상으로 하여, 전략적 리더십과 고급 경영 역량을 강화하는 데 중점을 둔다. Finance MBA는 금융 산업에 특화된 전문 프로그램으로, 최신 금융 이론과 실제 금융 사례를 아우르는 심화 과정을 제공한다.

모든 과정은 2년(4학기) 파트타임 구조로 운영되어, 직장인들이 학업과 커리어를 병행할 수 있도록 설계되어 있다. 특히 Korea MBA와 Global MBA 과정은 국내와 국제 시장 모두를 아우를 수 있도록, 비즈니스 환경에 맞는 특화 트랙과 커리큘럼을 갖추고 있다. 고려대

MBA 과정에서는 경영학의 기초 과목부터 심화 과목까지 탄탄히 학습하게 된다. 경영전략, 조직행동론, 마케팅관리, 재무회계, MIS, 운영관리, 경영통계 등 필수 과목을 통해 경영학 전반의 체계를 잡고, 이후 각자의 관심 분야에 따라 심화 과목과 프로젝트를 선택하여 전문성을 강화할 수 있다.

고려대학교 경영전문대학원의 가장 큰 강점 중 하나는 강력한 동문 네트워크다. 고려대 MBA 출신들은 다양한 산업과 기업에 걸쳐 폭넓게 진출해 있으며, 이들은 단순한 동문을 넘어 실질적인 비즈니스 파트너이자 커리어 멘토로서 유기적인 관계를 이어가고 있다. 졸업 후에도 이어지는 끈끈한 동문 네트워크는, 경영자로서의 성장 과정뿐 아니라 실제 비즈니스 협력, 투자, 경력 전환 등의 다양한 영역에서 강력한 지원 기반이 된다. 고려대학교 MBA 동문들은 연대감이 높고, 분야를 초월한 협력 사례가 빈번하여, 개인의 한계를 뛰어넘는 시너지를 만드는 데 큰 역할을 하고 있다. 고려대 MBA는 단순히 지식을 전달하는 것을 넘어, 이론, 실무, 글로벌 경험 그리고 커뮤니티를 통한 성장까지 아우르는 입체적 학습 환경을 제공한다. 학생들은 졸업과 동시에, 한층 성숙한 비즈니스 전문가로서 그리고 하나의 끈끈한 글로벌 네트워크의 일원으로서 미래를 열어나가게 된다.

성균관대학교 경영대학원(IMBA)

시간과 공간의 제약을 넘어, 경영학 교육의 새로운 지평을 연 프로그램으로 평가받고 있다. 국내 최초의 온라인 기반 MBA 과정이자, 최고 수준의 학습 품질을 유지하는 IMBA는 다양한 경력을 가진 직장인들이 경영학적 사고를 체계적으로 확장할 수 있도록 설계되어 있다. IMBA는 온·오프라인 블렌디드 러닝(Blended Learning) 방식을 기반으로 운영된다. 학생들은 PC와 모바일을 통해 언제 어디서나 고품질 온라인 강의를 수강할 수 있으며, 월 2회 내외로 진행되는 오프라인 수업과 실시간 화상 Q&A 세션을 통해 교수진과 직접 소통하며 학습 효과를 극대화할 수 있다.

온라인 학습이지만, 단순한 동영상 강의에 그치지 않고, 주기적인 오프라인 수업, 실시간 토론, 리포트 제출, 오프라인 시험 등 엄격한 학사관리를 통해 철저한 몰입 환경을 유지한다.

실무 경험 강화를 위한 다양한 프로그램도 마련되어 있다. IMBA 과정은 디지털 트랜스포메이션, ESG 경영, 메타버스 비즈니스 등 최신 경영 트렌드를 반영한 과목들을 적극적으로 편성하고 있으며, 글로벌 ESG, 핀테크, 혁신경영과 같은 주제를 실습형 과목으로 제공하여, 학생들이 이론에 머무르지 않고 실제 경영 과제 해결 능력을 키울 수 있도록 하고 있다. 성균관대 IMBA는 글로벌 세미나와 해외 교환 프로그램을 통해 국제적 감각을 넓힐 수 있는 기회를 제공한다.

학생들은 해외 명문 대학에서 진행되는 글로벌 세미나에 참가하여, 국제 비즈니스 현장을 직접 체험하고 세계적 석학들로부터 최신 경영 트렌드를 학습할 수 있다.

이를 통해 글로벌 비즈니스 환경에 대한 실질적 이해를 갖춘 경영 인재로 성장할 수 있다. 교육 과정 역시 매우 체계적이다. 학생들은 경영학 전반을 다루는 전공 기반 과목을 이수하고, 이후 자신의 관심 분야에 따라 마케팅·경영전략·재무회계·핀테크·혁신경영 등 다양한 심화 과목을 선택해 전문성을 강화할 수 있다.

특히, 3개 분야에서 각각 1과목 이상을 수강하고, 심화 과목을 추가로 이수할 경우, 공식적인 Concentration Certificate(전공 심화 인증서)를 받을 수 있도록 설계되어 있어, 자신의 커리어 포지셔닝에도 실질적인 도움이 된다. 성균관대학교 경영대학원은 온라인 중심 교육이지만, 인적 네트워크 구축에도 매우 적극적이다. 기수별 모임, 동아리 활동, 비즈니스 공모전, 체육대회, 특강 등 다양한 오프라인

이벤트를 통해 학생들은 자연스럽게 탄탄한 인맥을 형성할 수 있다.

IMBA 졸업생들은 국내외 다양한 업계에서 활약하고 있으며, 이 네트워크는 졸업 후에도 실질적인 비즈니스 기회와 경력 성장에 큰 힘이 되고 있다. 성균관대학교 IMBA는 전통적인 MBA 프로그램을 넘어, 디지털 시대에 최적화된 경영 교육을 제공하면서도, 실무 역량, 글로벌 감각, 인적 네트워크라는 MBA의 본질적 가치를 고스란히 유지하는 데 성공한 프로그램이다. 학생들은 이 과정을 통해 시간과 공간의 한계를 넘어, 경영학적 전문성과 실전 감각을 모두 갖춘 글로벌 리더로 성장하게 된다.

서울시립대학교 경영대학원

직장인을 위한 실용 중심 MBA 교육의 모범적인 모델로 자리매김하고 있다. 합리적인 학비, 균형 잡힌 커리큘럼 그리고 실무 경험 강화라는 세 가지 축을 기반으로, 학생들이 실제 비즈니스 현장에서 곧바로 활용할 수 있는 실질적인 경영 역량을 배양하는 데 초점을 맞추고 있다.

서울시립대 MBA의 가장 큰 특징은 파트타임 야간 및 주말 과정을 운영한다는 점이다. 이를 통해 직장인 학생들은 업무와 학업을 병행하면서도, 경영학 전반에 걸친 깊이 있는 학습을 이어갈 수 있다. 특히 합리적인 학비와 다양한 장학금 제도는, 학업에 대한 경제적 부담을 크게 줄이며 보다 많은 인재들이 배움의 기회를 이어갈 수 있도록 돕는다.

커리큘럼은 실무와 이론을 균형 있게 반영해 구성되어 있다. 경영학의 핵심 이론 과목은 물론, 최신 산업 트렌드를 반영한 과목들이 지속적으로 업데이트되고 있으며, 학생들은 7개 전공트랙(재무, 마케팅, 조직, 전략, 회계, IT, 국제경영)을 중심으로 전문 경영 지식을 심화할 수 있다.

서울시립대 MBA는 산업체 협력 프로젝트를 통한 실무 경험 강화에 주력하고 있다. 학생들은 실제 기업의 경영 이슈를 분석하고, 이를 해결하기 위한 전략을 제안하는 과제를 수행하며, 현장감 있는 문제 해결 능력을 기르게 된다. 수업에서는 대기업의 합병, 승자의 저주, 대규모 대손상각 등 흔히 접하기 어려운 경영 사례를 심층 분석하는 토론식 학습도 활발히 이루어진다. 재무회계 사례분석 수업에서는 기업의 복잡한 재무 상황을 실질적으로 해석하고 전략적 시사점을 도출하는 훈련을 받는다. 전공별 과제 연구를 통해 학생들은 자신이 몸담고 있는 기업이나 관심 분야의 구체적인 경영 이슈를 주제로 연구 과제를 수행한다. 이는 단순 과제 제출에 그치지 않고, 지도 교수의 1:1 피드백과 팀 토론, 최종 발표까지 포함되어, 일반적인 프로젝트 수준을 넘어 논문에 준하는 깊이 있는 결과물을 도출하게 한다.

서울시립대 MBA는 글로벌 경험을 확장하는 데에도 노력을 기울이고 있다. 학생들은 해외 학술제 참가를 통해 국제 경영 학술 네트워크에 직접 참여하며, 세계적 흐름 속에서 다양한 경영전략과 사례를 체험하고 학습할 수 있다. 단순한 견학이나 교류를 넘어, 글로벌 경영 감각을 실제로 체득하는 데 초점을 맞추고 있다. 무엇보다 서울시립대 MBA는 최신 경영 트렌드에 대한 민감한 반영을 강점으로 가진다. 디지털 트랜스포메이션, ESG 경영, 메타버스 비즈니스 등 빠르게 변화하는 경영 환경을 적극적으로 커리큘럼에 반영하며, 학생들이 이론뿐 아니라 실질적 산업 변화를 이해하고 주도할 수 있는 능력을 갖추도록 지원한다. 서울시립대학교 경영대학원은, 실무와 이론의 균형, 합리적인 교육 비용 그리고 글로벌 네트워크 확장을 모두 아우르는 프로그램을 통해, 학생들이 변화하는 비즈니스 세계에서 유연하게 대응할 수 있는 전문 경영인으로 성장할 수 있도록 든든한 기반을 제공하고 있다. 실무 밀착형 프로젝트와 글로벌 경험을 강화하는 방향으로 프로그램을 운영하고 있다.

학생들은 산업체 협력 프로젝트를 통해 실제 기업의 경영 이슈를 분석하고, 전략을 제안하는 과정을 경험한다. 전공별 과제 연구를 통해 다양한 기업 실무 기반 프로젝트를 수행하며, 현장감 있는 문제 해결 능력을 키울 수 있다. 국제적 시야를 넓히기 위해, 학생들은 해외 학술제에 참가하여 글로벌 네트워크를 구축하고, 국제 경영 이슈를 직접 체험할 수 있는 기회를 갖는다. 아울러, 디지털 전환과 ESG 등 최신 경영 트렌드를 반영한 강의도 강화하여, 변화하는 비즈니스 환경에 능동적으로 대응할 수 있도록 돕는다. 서울시립대학교 경영대학원은 직장인을 고려한 유연한 교육 구조와 전문성 심화를 위한 트랙 구성을 통해, 학업과 커리어를 병행하는 학생들에게 최적의 학습 환경을 제공하고 있다.

경희대학교 경영대학원

경희대학교 경영대학원은 '이론과 실무의 융합'이라는 가치를 중심에 두고, 다양한 산업 트렌드에 최적화된 실용적 MBA 과정을 제공하고 있다. 특히 산업별 특화와 융복합 교육에 주력하여, 변화하는 시장 수요에 즉각 대응할 수 있는 경영 전문 인재 양성에 힘쓰고 있다.

경희대 MBA는 폭넓은 선택지를 제공하는 것이 가장 큰 특징이다. 문화예술, 의료, IT, ESG, 유통, 빅데이터 등 16개 이상의 산업별 세부 전공을 개설하고 있으며, 학생들은 자신의 커리어 목표에 맞추어 맞춤형 학습 경로를 설계할 수 있다. 이러한 다양성과 융합성은 경희대만의 강력한 차별점으로, 단일 산업이 아닌 복합 산업 환경에서도 경쟁력을 갖출 수 있도록 설계되어 있다.

실무 경험 강화를 위한 프로그램도 매우 실질적이다. 학생들은 스타트업 창업 시뮬레이션을 통해 실제 비즈니스 모델을 기획하고 실행 전략을 수립하는 과정을 직접 체험하게 된다. 창의적 사고력과 사업화 역량을 자연스럽게 배양하게 되며, 동시에 기업 경영 사례 연구를 통해 다양한 실제 기업들의 성장, 실패, 혁신 사례를 분석하고 전략적 인사이트를 도출하는 훈련을 받는다.

AI, 빅데이터, 디지털 트랜스포메이션, 메타버스 산업 분석, ESG 지속가능경영 전략 세미나, 인문학과 경영 통합 과목 등, 산업 구조가 빠르게 바뀌는 현실을 적극적으로 반영하여, 학생들이 이론과 실무를 넘나드는 통합적 사고를 기를 수 있도록 구성되어 있다.

경희대학교 경영대학원의 또 다른 특징은 SME(중소·중견기업) 특화 Executive MBA 과정을 별도로 운영하고 있다는 점이다. 이 과정은 대기업 중심의 일반 MBA와는 달리, 중소기업 경영에 필요한 인사조직관리, 온·오프라인 마케팅, 신제품 개발 및 유통 전략 등을 심화 학습할 수 있도록 설계되어 있다. 디지털 혁신 기술(AI, IoT, CRM, SCM 등)을 실제 경영 전략에 접목하는 과정이 체계적으로 포함되어 있어, 미래형 중소기업 경영자를 위한 최적화된 프로그램으로 평가받고 있다.

네트워킹 역시 경희대 MBA의 중요한 강점이다. 정기적인 CEO 명품경영 세미나, 스타트업 투자 동향 특강, SNS 라이브 커머스 시장 특강 등 다양한 분야의 전문가 특강이 이어지며, 학생들은 자연스럽게 산업별 전문가들과 인맥을 쌓고, 실질적인 비즈니스 기회를 만들 수 있는 기반을 갖추게 된다.

경희대학교 경영대학원은 단순히 경영 이론을 가르치는 곳이 아니다. 산업 현장에 직접 뛰어들어 문제를 해결하는 실전 감각, 미래 산업을 읽는 통찰력 그리고 다양한 산업 분야와 연결된 네트워크를 동시에 갖춘 '움직이는 경영 전문가'를 키워내는 데 집중하고 있다. 학생들은 이 과정을 통해 단단한 실무 기반과 넓은 시야를 갖춘 차세대 경영 리더로 성장하게 된다.

한양대학교 경영전문대학원

한양대학교 경영전문대학원은 실무 중심 교육과 융복합 트렌드 반영을 핵심으로 삼아, 빠르게 변화하는 비즈니스 환경에 유연하게 대응할 수 있는 경영 인재를 양성하는 데 집중하고 있다. 현업 경험과 학문적 깊이를 균형 있게 갖추고자 하는 직장인들을 위해 유연하고 전문화된 MBA 과정을 운영하고 있다. 한양대학교 MBA의 가장 큰 특징은 국내 최대 규모의 다양한 트랙과 과목을 제공한다는 점이다.

Hanyang MBA, Professional MBA, International MBA 등 세 가지 메인 프로그램을 기반으로, 4차 산업혁명, 디지털 전환, 헬스케어, ESG 경영, 럭셔리 비즈니스 등 신산업 중심의 19개 세부 트랙을 자유롭게 선택할 수 있다. 연간 150~180여 개 강의가 개설되며, 학생들은 트랙 간 경계를 넘어 과목을 자유롭게 조합하여, 맞춤형 커리큘럼을 설계할 수 있다.

실무 경험을 강화하기 위해 다양한 프로그램이 마련되어 있다. 학생들은 실무 프로젝트와 CEO 특강을 통해 실제 경영 현장의 문제를 분석하고 해결하는 과정을 체험하게 된다. 기업과 연계된 실습형 과목이 활발히 운영되어, 단순한 이론 학습을 넘어 현장에서 곧바로 적용할 수 있는 경영 전략과 실행력을 키우게 된다. 시대 흐름에 맞춰 한양대는 ESG와 창업에 대한 전문 교육도 강화하고 있다. ESG 경영 트랙은 국내 MBA 중 선도적으로 ESG를 전문 과정으로 도입하여, 지속 가능한 비즈니스 전략을 실질적으로 다루고 있으며, 글로벌 YES(Young Entrepreneur Spirit) 트랙은 가족 기업 후계자나 스타트업 창업 희망자를 대상으로 창업 실습과 글로벌 시장 진출 전략을 심화 학습하는 과정이다. 학생들은 창업 아이디어를 구체화하고, 실제 비즈니스 모델을 설계하는 프로젝트를 수행하면서 기업가적 사고를 자연스럽게 체득한다.

글로벌 역량을 강화하고자 하는 학생들을 위해서는 International MBA 트랙이 제공된다.

KABS(Korea &Asia Business Studies), GBM(Global Business Management), GEM(Global Entrepreneurship Management)와 같은 글로벌 지향 트랙을 운영하며, 해외 교환학생 프로그램과 듀얼 디그리 프로그램을 통해 세계 시장을 무대로 경쟁할 수 있는 실질적 준비를 돕고 있다. 무엇보다 한양대학교 경영전문대학원은 졸업 이후에도 끈끈한 관계를 이어갈 수 있는 평생학습 시스템을 갖추고 있다. 졸업생들은 청강제도를 통해 최신 과목을 수강할 수 있으며, 다양한 동문회와 네트워킹 프로그램을 통해 비즈니스 협력과 경력 성장을 지속적으로 지원받을 수 있다.

한양대학교 MBA는 실무 중심 교육을 기반으로 디지털 전환과 ESG라는 시대적 요구에 부응하면서, 글로벌 네트워크와 평생학습까지 포괄하는 체계적이고 입체적인 경영 교육을 제공한다. 학생들은 이 과정을 통해 단순한 경영 지식을 넘어, 미래를 준비하는 경영전략가로 성장하게 된다.

■ 이화여자대학교 경영전문대학원

이화여대 MBA의 가장 큰 강점 중 하나는 여성 리더십 특화 커리큘럼이다. 학생들은 경영전략, 조직관리, 재무관리, 마케팅, 글로벌 비즈니스 등 기본적인 경영학 과목을 이수하는 것은 물론, 여성 리더십, 다양성 관리, 유리천장 극복 전략 등 여성 경영인으로서 직면할 수 있는 현실적 과제에 대해 체계적이고 심도 깊은 교육을 받는다. 이러한 프로그램은 여성 리더로서의 자기 인식 강화는 물론, 글로벌 무대에서의 리더십 발휘를 준비하는 데 실질적인 도움이 된다.

실무 경험을 강화하기 위한 프로그램도 적극적으로 운영된다. 학생들은 여성 창업 및 스타트업 경영 프로그램을 통해 창업 아이디어를 구체화하고, 실제 비즈니스 모델을 설계하고, 투자 전략을 수립하는 과정을 체험할 수 있다. 창업가 정신을 장려할 뿐 아니라, 스타트업 생태계에 대한 실질적인 이해를 바탕으로 비즈니스 기회를 창출할 수 있는 능력을 키운다.

시대적 요구를 반영하여, ESG 기반 경영전략 실습 과목도 강화하고 있다. 학생들은 지속 가능한 경영전략을 직접 설계하고, ESG 경영을 기업 가치와 연계시키는 방법을 학습하며, 이를 통해 새로운 비즈니스 시대를 주도할 수 있는 실질적 전략 감각을 갖추게 된다. 글로벌 감각을 키우기 위한 프로그램도 적극적으로 제공된다. 학생들은 글로벌 세미나와 해외 교환 프로그램에 참여해 세계 유수 대학과의 교류를 통해 다양한 국제 비즈니스 환경을 직접 체험할 수 있다. 학생들은 단순한 어학 능력을 넘어, 문화적 다양성과 글로벌 시장 다이나믹스를 이해하는 통합적 경영 감각을 자연스럽게 체득하게 된다.

이화여대 MBA는 학문적 엄격성과 실용성을 동시에 추구한다. 철저한 학사관리, 실무 중심 수업, 글로벌 연계 과정을 통해, 학생들은 단순히 지식을 쌓는 것을 넘어, 실제 경영 환경에서 전략을 수립하고 실행할 수 있는 실질적 역량을 갖추게 된다. 이화여대 MBA 졸업생들은 강력한 글로벌 동문 네트워크를 기반으로, 국내외 다양한 분야에서 활발히 활동하고 있으며, 졸업 후에도 지속적으로 이어지는 인적 연결은 비즈니스 협력, 경력 전환, 창업 지원 등 다양한 영역에서 든든한 지원 기반이 되고 있다.

이화여자대학교 경영전문대학원은, 여성 리더십 강화, 글로벌 경영 감각 함양 그리고 지속 가능 경영전략을 모두 아우르는 입체적인 프로그램을 통해, 학생들이 변화하는 세계 속에서 당당히 목소리를 내고, 새로운 길을 개척할 수 있는 진정한 글로벌 리더로 성장할 수 있도록 지원하고 있다.

3. 인적 네트워크의 힘 – 소모임

MBA를 선택하는 이유 중 하나로 인적 네트워크를 꼽지 않는 사람은 드물다. 어쩌면 MBA 지원 동기의 절반 이상은 새로운 인적 네트워크 구축에 있을지도 모른다. 우리는 각자의 사회와 업계에서 거래처, 고객, 동료를 통해 인맥을 쌓는다. 그러나 시간이 지날수록, 이러한 인맥 역시 특정 분야에 국한되기 쉽다. 결국 '내가 알고 있는 세계'가 생각보다 좁을 수 있다는 사실을 체감하게 된다. 마치 한 분야 안에서만 맴도는 '우물 안 개구리'가 된 듯한 막막함을 느끼기도 한다.

이런 상황을 변화시킬 수 있는 가장 좋은 방법 중 하나가 바로 MBA다. MBA 내에서 자연스럽게 운영되는 소모임은, 관심사가 비슷한 사람들과 깊은 관계를 맺을 수 있는 최고의 기회를 제공한다. MBA라는 공간은 단순히 전공이 같다는 이유로 뭉치는 곳이 아니다. 각기 다른 산업과 직무에서 활동하는 원우들이 모여, 서로의 경험을 교류하고, 전혀 새로운 분야로 인적 네트워크를 확장할 수 있는 '열린 장'이 된다.

소모임 활동은 재학 중에도 활발하게 이루어진다. 비슷한 관심사를 가진 원우들이 모여 사업 아이디어를 논의하거나, 독서와 투자 스터디, 또는 등산과 같은 취미를 함께 즐긴다. 이런 경험들은 졸업 이후에도 끈끈한 네트워크로 이어진다. 소모임은 단순한 교류를 넘어, 재학생과 동문을 연결하는 화합의 플랫폼이 되어, MBA라는 공동체 안에서 살아 숨 쉬는 인적 네트워크를 만들어 낸다. 저자 역시 각자의 MBA 생활 속에서 소모임을 통해 산업과 직무, 관심사를 초월하는 인연을 쌓아왔다. 서로 다른 분야에서 출발했지만, MBA라는 공통의 언어를 통해 만나, 함께 학습하고, 함께 고민하고, 함께 성장하는 과정을 공유했다. 이 책에서는 바로 우리가 경험한 소모임 중심의 인적 네트워크 형성 과정과 대표적인 소모임을 소개하면서, 그 안에서 얻은 배움과 연결의 의미를 함께 나누고자 한다.

 MBA에서 맺은 인연은, 시간이 지나며 단순한 동문 관계를 넘어, 비즈니스 파트너, 평생의 멘토 그리고 때로는 인생의 중요한 동반자가 되어준다. 그 출발점이 바로, 관심과 열정을 공유하는 소모임이라는 작은 공간에서 시작된다.

[김상명 – KAIST 경영전문대학원 MBA 소모임]

 * Watchers

 2006년 시작된 KAIST 경영대학의 투자 동아리로, 재학생뿐만 아니라 졸업생도 활발히 참여하는 경영대학 내 최대 규모 소모임이다. 국내외 주식, 부동산, 연금 등 다양한 투자 분야에 관심을 가진 구성원들이 함께 공부하며, 평생 투자 습관을 기르는 것을 목표로 한다. 주기적으로 내외부 전문가를 초빙한 세미나를 진행하며, 독서모임과 주제별 스터디도 진행한다. '금융 문맹 탈출'을 주제로 한 초보자를 위한 스터디를 운영하기도 하며, 글로벌 투자 역량 강화를 위해 시장 전문가와 함께 해외 탐방을 진행하기도 한다.

 * 포도송이

 와인을 매개로 네트워킹하는 동아리로, 소믈리에 자격을 보유한 회원도 있어 와인에 대한 흥미와 전문 지식을 동시에 얻을 수 있는 소모임이다. 국가별, 품종별 등 다양한 테마로 와인을 시음하며 문화를 공유하고, 와인 관련 비즈니스에 대한 교류도 활발히 이루어진다. 와인 초보자도 쉽게 배울 수 있도록 기초 시음 교육을 진행하기도 한다.

* K-Ventures

창업에 관심 있는 구성원이 모인 동아리로 정기적인 창업 강의 및 캠프, 창업 동문과의 네트워킹 프로그램을 운영한다.

* KGA(KAIST Golfer's Association)

골프 실력 향상은 물론 바람직한 골프 문화 확산에 기여하고자 하는 소모임이다.

이외에도 풋볼, 테니스, 등산 등의 운동 소모임과 밴드, 프리다이빙 등 다양한 취미 기반 소모임이 운영되고 있다.

[김준태, 김태수 - 연세대학교 경영전문대학원 MBA 소모임]

* 연세 마케팅모임

마케팅(마케팅기획, 브랜딩, 제휴, 광고 등)에 관련된 업무를 하는 원우들이 모여 있으며, 외부 강사를 초빙하지 않고, 각 원우들의 회사 마케팅에 대해 토론하거나, 원우가 지정한 특정 주제를 발표한다.

* 골프국(YONSEI Eagles)

운동을 좋아하는 사람이라면 한번쯤은 골프를 시작해 보고자 했을 것이다. 골프에 골자도 모르는 사람이었지만, 동문이라면 편하게 친목을 할 수 있는 장점을 앞세워 골프에 입문하게 되었다. 경쟁이 아닌 운동으로 더 친밀하게 배울 수 있는 스포츠로 졸업 후에도 꾸준히 모임을 가지게 되는 장점이 있다. MBA 연고전 종목 중의 하나이다.

* 야구단(Yagles)

야구는 누구나 좋아하는 종목이다. 다양한 리그에서 활동을 하고, 연세대, 고려대, 성균관대, 한양대가 같이 뛰는 MBA리그를 진행하며, 1년에 한번 4개 MBA가 친선 경기를 치른다. 친선 경기 때는 가족들이 함께 참여해 축제 분위기를 내기도 한다(특히 아이들이 너무 좋아함).

연세대 MBA 야구단 와이글스는 자체 청백전 등도 진행하고, 연세대학교의 많은 야구팀과 독수리리그에도 참가하고 있다. 야구 또한 MBA 연고전 종목으로 매년 고려대와 친선(?) 경기를 진행한다. 이 밖에도 다양한 리그에 참여하고 있다.

* 포세이돈

레저 동호회로 승부가 아닌 레포츠를 즐기면서 서로 친목을 다지며 즐기는 모임이다. 레포츠 특성상 다양한 주제가 있고 1박으로 진행되는 행사들도 많아 오랜시간 대화할 기회가 많고 찐친도 많이 생기는 소모임이다.

* 연세통합국

졸업생과 재학생간의 네트워크를 생성하고 발전시키는 모임으로 졸업 후에도 지속적으로 원우회 활동 참여가 가능하여 네트워크를 확대 유지하기 좋은 모임이다.

* Link

주식, 부동산, 창업 등의 정보와 노하우를 나누기 위한 강연과 모임 등을 진행하여 다함께 부자가 되는 길을 연결하는 모임이다. 졸업 이후에는 링크 더 블랙이라는 모임으로 활동하며 재학생과 네트워크 연결이 가능하다.

이외 농구, 축구, 테니스와 같은 운동 모임과 HR, 바이오 등과 같이 동일 산업이나 업무를 하는 산업국과 같은 모임이 있으며 학기 초에 전체 모임의 소개 자리가 진행된다.

[김태욱 - 서울시립대학교 경영대학원 MBA 소모임]

  * 인문학 모임

서울시립대의 소모임중 인문학모임은 연극, 영화, 뮤지컬 등 다채로운 문화공연을 함께 하며 공감하는 소모임이다. 2○선 세○자라는 대학로 연극, 호두까기 인형(세종문화회관), 백조의호수등의 공연 관람등을 실제로 진행하였다. 인문학 모임에서는 이외에도 각 분야에 원우내에서 전문가들을 선정하여 커피세션, 와인세션 등의 다채로운 주제로 모임을 주관하고 있다. 원우분들의 다양한 관심사를 충족시켜주는 소모임이 MBA 내에 존재한다는 것은 원우들에게 좋은 기회임에는 틀림없다.

  * 트렌드 모임

서울시립대 경영대학원의 소모임인 트렌드 모임이다. 매번 사회적인 이슈나 트렌드에 민감한 시대를 살아가는 우리에게 트렌드를 알 수 있도록 각 분야에 최신 트렌드를 공유하는 모임이다. 본인에게 전문화된 분야의 트렌드를 발표 또는 토론을 통하여 함께 함으로써 다른 분야에 있는 구성원들에게 좋은 인사이트를 제공하는 모임이다.

그외에도 MBA 골프 소모임/재학원우 대상인 라켓동아리 스매싱/독서모임인 책보자 / 마라톤 / 산악회 등의 소모임을 통하여 원우회간 화합을 이끌고 있다.

[손은택 - 성균관대학교 경영대학원(iMBA) 소모임]

　* 회계금융연구회

　성균관대 경영대학원에는 10~15개 정도 연구회 및 동호회가 있는데 그 중 가장 많은 원우들이 가입한 연구회라하면 회계금융연구회라고 말할 수 있다. 회계나 재무에 대해 까막눈인 원우들에게 는 기본 이론을 보다 쉽게 설명해주는 강좌가 그리고 해당 분야 베테랑들에게는 최근 회계, 금융 트랜드를 접하고 분석할 수 있는 외부 전문강사 강의를 제공해주고 있다. 또한 학문적 활동과 병행하고 개강/종강파티, 지역소모임 활동을 지원하여 인적 네트워크 확장에 많은 도움을 준다.

　* 포시즌(Four Season)

　대학원에 공부를 목적으로 오기도 하지만 많은 사람들과 교류도 중요하다. 특히 몸을 쓰면서 함께 어울릴 때 더욱 교감을 갖지 않을까 생각한다. 포시즌 동호회는 레저 활동을 함께 하고자 만든 모임으로 다이빙, 등산, 러닝, 풋살 등 다양한 프로그램을 개설하여 각자의 취미에 맞게 활동할 수 있는 장을 제공해 준다. 같이 동일 장소에서 땀 흘리고 이야기 나누면서 힐링과 동시에 인적 네트워크 확장을 하니 일석이조의 효과가 있다.

　이외 골프, 야구 동호회 및 투자, 제약, 인사, 마케팅, IT 등 다양한 분야의 연구회가 있다.

[이은규 - 고려대학교 경영전문대학원 MBA 소모임]

　고려대 MBA는 그 긴 역사와 같이 다양한 동아리와 직무방이 운영되고 있다. 동아리의 경우 공통된 취미를 바탕으로 삶의 즐거움을 더함과 동시에 졸업 후에도 끈끈한 네트워킹을 이어갈 수 있는 만남의 장이라고 할 수 있다.

* 동아리

고슐랭(맛집투어) / 뷰파인더(사진) / DINGA(음악) / Vin de KMBA(와인)

F.A.I(재무회계투자) / KMIU(투자) / FC KMBA(축구) / KMBASE(야구) / K-ONE(골프)

SKMBA(스쿠버다이빙) / KMBANNIS(테니스) / KMBASKET(농구) / PeaKMBA(등산)

* 직무방

해당 직무 종사자뿐만 아니라 해당 직무에 관심이 있는 원우들이 함께 모여 최신 동향을 공유하고, 각자의 인사이트를 나누며 수업에서 배우지 못한 생생한 현장의 정보와 지식을 나눌 수 있다.

광홍마(광고/홍보/마케팅) / 유산소(유통산업연구소) / 창업방(창업) / 큼바미(예술) / E-Square(에너지&ESG) / KJC(HR)

[진기혁 - 경희대학교 경영대학원 MBA 소모임]

* 경희대학교 e커머스 MBA 심포지엄

경희대학교 e커머스 MBA 심포지엄은 2025년 봄 3회째를 맞이하며, e커머스 MBA 전공 선후배는 물론, e커머스에 관심 있는 누구나 참여할 수 있는 열린 자리이다. 이 심포지엄은 e커머스 MBA 과정에서 배우고 연구한 다양한 사례를 발표하고 토론하는 자리로, 앞으로도 e커머스 종사자들의 학문적 깊이와 식견을 넓히는 뜻깊은 장이 되고 있다.

〈경희대학교 경영대학원 e커머스 MBA 심포지엄〉

[연합 MBA 모임]

　MBA 과정에 입학하고 나서, 각 대학 내에서뿐 아니라, 여러 대학 MBA 원우들과도 교류할 수 있는 기회가 있다는 사실을 알게 되었다. 이른바 연합 MBA 모임은, 특정 대학이 주관하여 다른 대학 MBA 원우들에게도 참여를 제안하는 형태로 운영된다. 보통 고려대학교, 연세대학교, 성균관대학교, 한양대학교 등 주요 대학들이 주축이 되어, 매년 원우회 임원단을 통해 다음 기수로 자연스럽게 전통처럼 이어지고 있다. 연합 모임은 단순한 교류를 넘어, 다른 학교 MBA 원우들과도 네트워크를 확장할 수 있는 소중한 기회를 제공한다. 실제로 한 학교 MBA만 다녔다면 만나기 어려웠을 다양한 배경의 사람들과 자연스럽게 인연을 맺을 수 있다. 이는 단순한 친목을 넘어서, 서로의 시야를 넓히고, 다른 산업과 경영 환경에 대한 이해를 깊게 해주는 의미 있는 장이다.

* 플로깅 모임

한강과 남산으로 나뉘고 각 대학별 대학원 원우들이 모여 팀을 이루어 길거리의 쓰레기를 줍고 환경을 아끼자는 취지로 진행되었다. 여기서 공동저자인 김준태, 김태욱 원우는 첫 만남을 가졌다. 인연은 이렇게 좋은 뜻을 함께하는 곳에서 부지불식간에 만나게 된다.

〈연합MBA 소모임 활동〉

* 연탄배달봉사

매년 진행하는 연탄봉사 활동은 난방에 취약한 가정에 연탄을 나르는 봉사 활동으로 모두 한마음이 되어 구슬땀을 흘리며 행사를 함께 한다.

제 7 장

한국 MBA의 기능과 전망

1. 졸업 이후 변화
2. MBA가 만들어내는 차이
3. 한국 MBA 전망

MBA 과정은 학문적 지식 이상의 것을 제공한다. 빠르게 변화하는 산업 환경과 글로벌 경쟁 심화 속에서, MBA는 경영 전문성과 리더십 역량을 동시에 갖춘 인재를 양성해 왔다. 하지만 MBA가 모든 이에게 변화를 보장하는 것은 아니다. MBA는 변화의 가능성을 높이는 하나의 도구이며, 스스로 기회를 만들어 낼 수 있는 사람에게 더 큰 의미를 갖는다.

이 장에서는 MBA 과정을 통해 실제로 얻을 수 있는 졸업 이후의 변화, MBA가 만들어 내는 근본적인 차이 그리고 향후 한국 MBA의 전망에 대해 차례로 살펴본다.

1. 졸업 이후 변화

MBA를 선택하는 가장 중요한 이유 중 하나는 '실질적인 변화'에 대한 기대 때문이다. 직장인들이 바쁜 업무와 학업을 병행하며 쉽지 않은 결정을 하는 것도 결국은 MBA가 만들어 낼 '미래' 때문이다. 물론 MBA가 졸업과 동시에 누구에게나 성공을 담보해주는 만능 열쇠는 아니다. MBA는 변화의 가능성을 높이는 도구이자, 스스로 만들어가는 기회의 출발점이다. 그렇다면 MBA를 졸업한 후 실제로 어떤 변화가 일어날까? 이를 커리어 성장, 연봉 향상과 같은 현실적이고 구체적인 측면에서 살펴보고자 한다. 지금까지의 사례와 데이터를 통해 MBA가 개인의 인생에 가져올 수 있는 뚜렷한 변화 그리고 그 가능성까지 함께 확인해 볼 수 있을 것이다.

1) 커리어 발전과 기회 확대

MBA 과정을 졸업한 후 얻게 되는 가장 중요한 이점 중 하나는 개인의 커리어 발전이다. 이는 단순히 학문적 성취에 그치는 것이 아니라, 실제 비즈니스 환경에서 바로 활용 가능한 전문성과 경영 역량을 갖춘 인재로 성장하는 과정이기도 하다.

MBA 과정은 전략적 사고, 리더십, 재무, 마케팅 등 핵심 경영 분야에 대한 체계적인 학습을 기반으로 구성된다. 이러한 과정을 통해 실무에 필요한 다양한 능력을 강화하게 되며, 결과적으로 기업 내 중간 관리자에서 고위 임원으로의 성장 가능성도 높아진다. 특히 실제 경영 사례를 분석하고, 팀 프로젝트와 프레젠테이션을 반복하면서 문제 해결 능력을 키우는 경험은 실무 경쟁력을 비약적으로 향상시키는 데 큰 역할을 한다.

MBA를 통해 얻게 되는 변화는 단순히 현재 맡고 있는 역할을 심화하는 것에 그치지 않는다. 기존의 커리어 경로를 넘어, 새로운 분야나 산업에 도전할 수 있는 발판을 마련해 준다. 다양한 배경을 가진 동료들과 교류하며 새로운 시야를 갖게 되고, 선택 과목과 프로젝트 기반 수업을 통해 본인의 강점과 관심사를 재발견하는 과정 속에서, 경력 방향을 전혀 다르게 설정하는 경우도 흔히 볼 수 있다. 경영, 전략, 투자, 테크놀로지 등 다양한 분야를 넘나들며 직접 문제를 해결해 나가는 경험은, 스스로 커리어를 확장할 수 있는 실질적인 기반이 되어준다.

이러한 변화는 연봉과 근무 조건의 개선으로도 이어진다. 국내외 다양한 조사 결과에 따르면, MBA 졸업자는 비슷한 경력을 가진 일반 직장인보다 평균 1.5배에서 2배까지 연봉이 상승하는 경향을 보인다. 이는 MBA가 단순히 이론적 지식을 전달하는 과정이 아니라, 기업이 요구하는 전략적 사고력, 문제 해결 능력 그리고 리더십 역량을 강화하는 데 초점을 맞추고 있기 때문이다. 기업들은 MBA 졸업생을 단순한 인재가 아니라, 조직의 미래를 이끌어갈 전략적 자산으로 인식하고 있으며, 이에 따라 적극적인 보상과 기회를 제공하는 경향을 보이고 있다.

MBA가 제공하는 기회는 국내 시장에만 국한되지 않는다. 영어, 일본어, 중국어 등 외국어 능력을 갖춘 경우, 글로벌 기업, 다국적 컨설팅 회사, 투자은행 등 다양한 국제 무대에서도 경쟁력을 발휘할 수 있다. 단지 경영학 지식에 그치지 않고, 다양한 문화권과 시장을 이해하고, 글로벌 전략을 수립할 수 있는 능력을 갖춘 인재에 대한 수요는 갈수록 높아지고 있다. 이러한 역량을 갖춘 MBA 졸업자는 세계 어디에서든 통하는 경쟁력을 갖춘 인재로 평가받는다.

MBA는 단순한 학위 이상의 의미를 지닌다. 경영 전반에 대한 통합적 사고력, 복잡한 상황에서도 실질적인 해법을 도출해 낼 수 있는 문제 해결력 그리고 다양한 사람과 조직을 이끌어가는 리더십을 종합적으로 갖춘 인재로 성장하게 만드는 결정적 계기다. 단순히 자신의 커리어를 유지하는 것이 아니라, 보다 넓고 깊은 세계로 나아가기 위한 힘을 갖추는 과정인 것이다.

커리어의 전환점에 서 있거나, 새로운 도약을 고민하고 있는 이들에게 MBA는 단순한 선택지가 아니다. 새로운 가능성을 열어주는 문이 될 수 있으며, 변화를 두려워하지 않고 스스로 미래를 설계하고자 하는 이들에게, MBA는 가장 강력하고 실질적인 도구가 되어줄 것이다.

2) 비즈니스 능력 및 리더십 개발

MBA 과정은 경영, 재무, 마케팅 등 비즈니스 전반에 걸친 폭넓은 지식을 체계적으로 제공하는 프로그램이다. 단순히 이론적 지식만을 전달하는 데 그치지 않고, 실제 비즈니스 현장에서 발생할 수 있는 다양한 상황을 중심으로 사례를 분석하고, 팀 프로젝트를 통해 실전 감각을 키우도록 설계되어 있다. 이러한 학습 방식은 실질적인 문제 해결 능력을 강화시키며, 복잡한 상황에서도 유연하게 대처할 수 있는 통찰력을 기르는 데 도움을 준다. 특히 협업, 문제 해결, 의사결정과 같은 비즈니스 핵심 역량을 실제로 훈련할 수 있다는 점이 MBA 과정의 강점이다. 수업은 단편적인 분야별 지식 전달에 머무르지 않고, 경영 전반을 아우르는 통합적 사고력을 기르도록 유도한다. 마케팅 전략이 재무적 의사결정에 미치는 영향, 조직 구조가 인사정책에 끼치는 변화 등 다양한 경영 요소들이 유기적으로 연결되어 있음을 체계적으로 학습하게 된다. 이는 단순히 "분야별 전문가"를 넘어, 비즈니스를 전체적으로 바라보는 시야를 갖추게 한다는 점에서 매우 중요하다.

비즈니스 세계를 바라보는 관점은 각자의 위치에 따라 다를 수 있다. 회사원은 주어진 업무에 몰두하다 보면 자신의 영역을 과대평가하거나, 전체 조직의 흐름을 읽지 못하는 경우가 생긴다. 반대로 오너 사업가는 다양한 부문을 직접 의사결정해야 하는 위치에 있기 때문에 자연스럽게 넓은 시야를 가지게 되지만, 때로는 과도한 자기확신에 빠지기 쉽다. MBA 과정은 이러한 서로 다른 시야를 균형 있게 조율하는 훈련의 장이 된다.

다양한 배경을 가진 동료들과 함께 문제를 해결하고, 의견을 조율하는 과정을 반복하면서, 자신의 한계를 깨닫고 타인의 관점을 수용하는 힘을 키우게 된다. 이는 단순히 비즈니스 기술 습득을 넘어, 사람과 시장을 보는 눈을 확장하는 계기가 된다. MBA 과정은 이익이나 이해관계에 얽히지 않은 순수한 학습 공동체를 기반으로 한다. 업무 현장에서 경험할 수 있는 제한적 교류를 넘어, 다양한 산업군, 다양한 문화적 배경을 가진 사람들과 깊이 있는 대화를 나누고, 서로 다른 경험을 통해 새로운 통찰을 얻을 수 있다. 이는 현실의 비즈니스 관계에서는 쉽게 얻기 어려운 귀중한 자산이 된다.

MBA는 단순한 학문적 프로그램이 아니다. 삶과 커리어, 인간관계를 돌아보게 만드는 과정이다. 다양한 사람들과의 토론, 협업, 갈등과 조율 그리고 수많은 도전을 통해, 사람을 보는 눈, 조직을 읽는 시야, 시장을 해석하는 통찰이 점점 깊어진다. 지식을 채우는 곳이 아니라, 스스로의 한계를 넘어 나를 다시 정의하는 공간인 것이다.

3) 폭넓은 인맥 형성

MBA 과정의 또 하나의 중요한 가치는 단순한 지식이나 스킬을 넘어서는 '사람과의 연결'에 있다. 다양한 산업과 직군에서 모인 동료들과 함께 수업을 듣고, 프로젝트를 수행하며, 수많은 토론을 거치는 과정에서 자연스럽게 깊은 유대감이 형성된다. 이러한 관계는 단순한 학업 기간을 넘어, 졸업 이후에도 지속적인 네트워크로 이어진다.

MBA에서 만나는 사람들은 각기 다른 배경과 경험을 지니고 있다. 이들은 서로 다른 방식으로 문제를 바라보고 해결한다. 처음에는 일하는 스타일이나 의사결정 방식의 차이로 인해 충돌이 생기기도 하지만, 이러한 과정을 조율하고 존중하는 과정을 거치면서 진정한 협업의 가치를 체득하게 된다. 산업군이 다른 동료가 제공하는 새로운 시각은, 스스로 미처 생각하지 못했던 영역을 자극하며 개인의 사고를 확장하는 데 큰 도움이 된다. 서로에게 자극을 주고받으며 성장하는 경험은 MBA 과정이 제공하는 가장 실질적이고 소중한 자산 중 하나다.

네트워크는 졸업 이후 더욱 강력한 힘을 발휘한다. 새로운 직장을 찾을 때 추천을 받거나, 사업을 시작할 때 투자자나 고객을 연결받는 등, MBA에서 형성된 인연이 실제 커리어와 비즈니스 확장의 기반이 되는 경우가 많다. 사업 확장을 고민하는 시기, MBA 동문을 통해 해외 파트너를 소개받아 계약을 성사시키는 사례처럼, MBA 네트워크는 단순한 사회적 연결을 넘어 현실적인 기회를 창출하는 발판이 된다. 국내 MBA 과정에서도 충분히 글로벌 네트워크를 형성할 수 있다. 글로벌 기업과 연계한 프로젝트, 교환학생 프로그램, 국제 포럼 참가 등 다양한 프로그램을 통해 세계 각국의 학생 및 기업과 교류할 수 있는 길이 열려 있다. 이러한 국제적 교류는 단순히 외국어 능력 향상을 넘어서, 다양한 문화적 배경과 비즈니스 환경을 이해하고 수용하는 역량을 키우는 데도 중요한 역할을 한다.

MBA에서 형성되는 네트워크는 동료 학생들뿐만 아니라, 교수진과의 관계에서도 이어진다. 각 분야의 전문성과 실무 경험을 겸비한 교수들은 학생들에게 실질적인 조언과 멘토링을 제공한다. 특정 산업에 관심을 보이는 학생에게 전문 인맥을 연결해주거나, 프로젝트 방향성을 함께 고민해주는 경우도 많다. 교수진과의 인연은 졸업 이후에도 커리어 조언, 협력 기회, 실질적 비즈니스 기회로 이어질 수 있다. 동문 네트워크의 힘도 강력하다. 이미 다양한 산업 분야에서 활동하고 있는 졸업생들과의 교류는 최신 산업 동향, 업계 흐름, 새로운 기회의 소개 등 실질적인 정보 공유의 장이 된다. 졸업 후에도 지속적으로 이어지는 세미나, 포럼, 리더십 아카데미, 지역 모임 등은 이러한 네트워크를 더욱 단단하게 유지하고 확장하는 역할을 한다.

결국 MBA 네트워크는 단순히 명함을 주고받는 인간관계를 의미하지 않는다. 서로의 가능성을 키워주고 함께 성장하는 공동체를 만들어가는 것이다. 같은 고민을 해본 사람들과, 같은 열정을 나눈 사람들과의 인연은 오래 지속되며, 이는 경력 개발에도, 비즈니스 확장에도 그리고 때로는 인생의 새로운 길을 찾는 데에도 든든한 기반이 되어준다.

4) 자기개발 및 개인적 성장

MBA 과정은 단순히 학위를 취득하는 것을 넘어, 자기 자신과 마주하고 스스로를 성장시키는 여정이다. 빠르게 변화하는 비즈니스 환경 속에서 살아남기 위해서는 과거의 성공 방식을 고수하는 것이 아니라, 끊임없이 학습하고 변화에 유연하게 대처할 수 있는 능력이 필요하다. MBA는 바로 이러한 변화와 혁신의 마인드를 체득할 수 있는 최적의 환경을 제공한다.

MBA 수업은 최신 비즈니스 트렌드와 이론뿐만 아니라, 실제 기업 사례를 기반으로 한 문제 해결 중심의 학습을 지향한다. 특정 기업의 전략 실패 사례를 분석하거나, 글로벌 기업의 성공 포인트를 깊이 있게 탐구하는 과정은 자연스럽게 통찰력을 키우게 한다. 이론적 지식에만 머무르지 않고, 직접 비즈니스 전략을 설계하고 피드백을 받으며 시행착오를 겪는 경험은 실질적인 역량 향상으로 이어진다.

강도 높은 학습은 자기주도적 학습 역량을 강화하는 데 크게 기여한다. 프로젝트 중심의 학습 방식은 학생들이 문제를 스스로 정의하고 해결해 나가는 과정을 반복하도록 유도한다. 하루에도 몇 시간씩 자료를 조사하고, 팀과 논의하며, 결과를 도출해내는 과정을 통해 학습자는 점차 스스로의 한계를 확장하게 된다. 이러한 경험은 단순히 학업을 넘어, 실제 업무 현장에서도 문제를 바라보는 시야와 대처하는 방식을 긍정적으로 변화시키는 데 큰 영향을 미친다.

MBA 과정은 또한 리더십 역량을 실질적으로 향상시킨다. 다양한 배경을 가진 동료들과 함께 프로젝트를 이끌고, 다양한 의견을 조율하며 최종 결론을 도출해 내는 경험은, 리더십을 단순한 직책이 아닌 관계와 커뮤니케이션의 관점에서 이해하게 만든다. 진정한 리더십이란, 상황을 분석하고 전략을 설계하며, 팀원들과 함께 목표를 향해 나아가도록 유도하는 종합적 역량임을 MBA 과정은 실천을 통해 가르쳐준다.

특히 발표와 토론 중심의 수업은 개인의 사고방식과 커뮤니케이션 능력을 근본적으로 변화시킨다. 생각을 말로 표현하고, 타인의 피드백을 수용하며 논리를 다듬어 나가는 과정은, 단순한 말하기 기술을 넘어 사고의 깊이와 설득력을 함께 키워준다. 실수를 두려워하지 않고, 다양한 관점 속에서 자신의 생각을 정제해 나가는 훈련은, 향후 조직 내외에서 커뮤니케이션 능력을 한층 강화시키는 데 큰 도움이 된다.

MBA 과정은 학업 외적인 자기개발의 기회도 풍부하게 제공한다. 워크숍, 세미나, 모의 투자 발표회, 멘토링 프로그램 등 다양한 활동을 통해 학생들은 스스로에게 끊임없이 질문을 던지고, 자신의 방향성과 목표를 점검할 수 있다. 단기적인 성과를 넘어, 장기적인 커리어 비전과 삶의 우선순위를 재정립하는 계기가 되기도 한다.

궁극적으로 MBA는 '나는 누구이고, 앞으로 어디로 나아가야 하는가'라는 질문에 답하는 여정이다. 변화의 속도가 빠른 세상에서 자신을 재정의하고, 끊임없이 성장하고자 하는 사람들에게 MBA는 강력한 도전의 장이 된다. 이 과정에서 쌓은 경험과 통찰은 조직 내에서 더 다양한 역할을 맡을 수 있는 기반이 되고, 나아가 새로운 기회를 스스로 만들어 낼 수 있는 힘이 되어준다. 자기 자신을 성장시키고, 도전의 기회를 스스로 만들어가며, 배움을 멈추지 않는 사람. MBA 과정은 바로 그런 사람으로 변화하는 출발점이 되어준다.

2. MBA가 만들어 내는 차이

MBA 과정은 단순히 학문적 지식을 습득하는 데 그치지 않는다. 가장 본질적인 변화는, 비즈니스를 바라보는 관점 자체가 달라진다는 데 있다. MBA를 통해 얻는 가장 중요한 차이는 통합적 사고력이다. 경영, 재무, 마케팅, 전략, 인사 등 개별 분야의 지식을 넘어, 이 모든 요소를 하나의 유기적 시스템처럼 연결해 이해하고, 복합적인 문제 상황에서도 전체를 조망할 수 있는 시야를 갖추게 된다. 이는 단편적인 업무 수행 능력을 넘어, 조직과 시장을 함께 바라볼 수 있는 능력으로 이어진다.

MBA 과정은 또한 문제 해결 접근 방식을 근본적으로 변화시킨다. 단순히 주어진 문제를 빠르게 해결하는 데 그치지 않고, 문제의 본질을 파악하고, 다양한 대안을 설정한 후, 장기적 관점에서 최선의 전략적 선택을 할 수 있는 사고 체계를 길러준다. 팀 프로젝트, 케이스 스터디, 시뮬레이션 등을 통해 실제 비즈니스 세계에서 벌어

제 7 장 한국 MBA의 기능과 전망 **195**

〈경희대학교 이커머스 심포지엄 e-CRM 마케팅발표〉

질 수 있는 다양한 상황에 대한 대응 훈련이 반복된다. 이러한 경험은 의사결정 과정에서 논리적 사고력과 함께 감정적 균형감각까지 갖추게 한다. 또한 MBA는 리더십의 본질에 대해 다시 배우게 만든다. 리더십은 단순히 지시를 내리거나, 팀을 관리하는 기술이 아니다. MBA에서는 갈등을 조율하고, 다양한 이해관계를 조정하며, 팀이 스스로 목표를 향해 움직일 수 있도록 만드는 '관계의 힘'을 중시한다. 특히 서로 다른 배경을 가진 동료들과 협력하고, 때로는 갈등을 해결하며 목표를 함께 이뤄나가는 경험은, 조직 내외에서 실질적인 리더십을 발휘하는 데 결정적인 자산이 된다. MBA를 경험한 사람들은 커뮤니케이션 방식도 달라진다. 자신의 생각을 구조화하여 논리적으로 전달하고, 상대방의 피드백을 수용하며 논쟁을 생산적인 방향으로 이끌 수 있는 능력이 자연스럽게 체득된다. 발표, 토론, 피드백 과정을 반복하며, '생각을 정리하고 표현하는 능력'이 습관처럼 내재화된다. 마지막으로, MBA가 만들어 내는 가장 중요한 차이는 스스로를 성장시키는 방식에 있다. MBA는 단기적 목표를 넘어, 끊임없이 스스로를 돌아보고, 변화에 맞춰 스스로를 갱신할 수 있는 태도를 훈련시킨다. 이는 어떤 조직이나 시장에서도 살아남을 수 있는 '학습하는 인간'으로서의 기반이 된다. 변화와 도전이 일상이 된 시대, MBA는 단순한 경력 스펙을 넘어, 스스로를 성장시키는 법을 몸으로 익히게 하는 장이다.

3. 한국 MBA 전망

한국 MBA 프로그램은 1990년대 초반 본격적으로 시작된 이후, 국내 경제 발전과 함께 꾸준히 성장해 왔다. 그러나 최근 몇 년 동안 급격한 산업 환경 변화와 경기 침체, 인구 구조 변화 등 다양한 도전에 직면하고 있다. 이러한 변화 속에서 한국 MBA가 앞으로 어떻게 나아가야 할지 전망해본다.

1) 4차 산업혁명 시대에 대응하는 MBA

4차 산업혁명의 물결은 모든 산업에 걸쳐 근본적인 변화를 요구하고 있다. 인공지능(AI), 빅데이터(Big Data), 블록체인, 사물인터넷(IoT)과 같은 신기술은 기존 산업 구조를 재편하고 있으며, 기업 경영의 본질 자체를 빠르게 변화시키고 있다. 이에 따라 MBA 교육 역시 단순한 경영 이론을 넘어, 기술 혁신을 이해하고 경영전략에 통합할 수 있는 능력을 갖춘 인재를 양성하는 방향으로 근본적인 전환을 요구받고 있다.

실제로 많은 MBA 프로그램들은 이러한 변화에 발맞추어, 데이터 분석(Data Analytics), 디지털 트랜스포메이션(Digital Transformation), 머신러닝(Machine Learning), 블록체인 기술 이해 등을 필수 과목으로 포함하거나, 선택 과목으로 적극적으로 도입하고 있다.

국내에서도 KAIST, 연세대학교, 한양대학교, 경희대학교 등 주요 MBA 과정들이 다음과 같은 분야를 중심으로 커리큘럼을 강화하고 있다.
- 디지털 금융: 금융 산업의 디지털 전환에 대응할 수 있는 역량 강화
- 빅데이터 분석: 데이터 기반 의사결정 능력 향상
- AI 비즈니스 전략: 인공지능 기술을 활용한 경영전략 수립
- e커머스 혁신 기술: 디지털 플랫폼을 활용한 비즈니스 모델 혁신

이는 단순히 전통적인 경영 지식을 전달하는 것을 넘어, 테크놀로지와 경영을 융합할 수 있는 하이브리드형 인재를 양성하는 것을 목표로 하고 있다. 기술에 대한 이해를 기반으로 비즈니스 문제를 해결할 수 있는 인재, 경영적 사고를 갖춘 기술 전문가의 수요는 앞으로 더욱 증가할 전망이다. 앞으로 한국 MBA는 이러한 변화 흐름에 더욱 능동적으로 대응해야 한다. 기술 중심 사고와 비즈니스 전략적 사고를 동시에 갖춘 인재를 배출하는 것이 필수적이다. 단순히 몇 과목을 추가하는 데 그쳐서는 안 되며, MBA 교육 전체가 "기술 × 경영"이라는 패러다임 전환을 중심으로 재구성될 필요가 있다. 4차 산업혁명 시대의 MBA는 더 이상 선택이 아닌 필수다. 기술을 이해하는 경영자, 경영적 감각을 가진 기술 전문가를 동시에 길러내는 것이 한국 MBA가 앞으로 나아가야 할 중요한 방향이다.

2) 글로벌 경쟁력 강화

오늘날 경영 환경은 더 이상 국내 시장에만 국한되지 않는다. 글로벌화가 가속화되면서, 기업들은 국경을 넘어 경쟁하고 있으며,

MBA 프로그램 역시 이러한 글로벌 트렌드에 능동적으로 대응해야 하는 상황에 놓여 있다. 한국 MBA가 앞으로 지속적으로 경쟁력을 확보하기 위해서는, 단순히 국내 산업에 맞는 인재를 양성하는 것을 넘어, 글로벌 시장을 이해하고 주도할 수 있는 리더를 배출하는 데 초점을 맞춰야 한다. 이를 위해 국내 주요 MBA 프로그램들은 해외 유수 대학과의 협력 모델을 적극적으로 도입하고 있다.

대표적으로, 고려대학교 S³ Asia MBA는 중국 푸단대학교(Fudan University)와 싱가포르국립대학교(NUS)와의 공동 프로그램을 운영하며, 아시아 3대 경제권을 넘나드는 통합적 교육을 제공하고 있다. 서울대학교 Executive MBA(EMBA)는 미국, 유럽, 아시아 등 다양한 지역의 주요 대학과 연계하여 해외 연수 및 글로벌 프로젝트 과정을 강화하고 있다. 연세대학교 Global MBA, 성균관대학교 SKK GSB 등도 전 과정 영어 운영, 복수 학위 제도, 교환학생 프로그램 등을 통해 국제적 네트워크를 확대하고 있다. 글로벌 협력은 단순히 해외 연수 차원을 넘어, 다국적 기업과의 산학 협력 프로젝트, 국제 컨퍼런스 및 글로벌 경영 케이스 분석, 해외 인턴십 기회 제공 등 보다 실질적이고 심화된 글로벌 경험을 제공하는 방향으로 발전하고 있다. 특히 글로벌 감각은 단순히 외국어 능력만을 의미하지 않는다. 다양한 문화적 배경과 비즈니스 환경을 이해하고, 국제적인 팀 안에서 협업하며, 복합적인 글로벌 문제를 해결하는 실질적인 능력이 필요하다. MBA 과정은 이러한 능력을 체계적으로 강화할 수 있는 장이어야 한다. 앞으로 한국 MBA는 글로벌 경쟁력을 강화하기 위해 다음과 같은 방향성을 가져야 한다.

- 해외 유수 대학과의 복수 학위 및 공동 프로그램 확대
- 다국적 기업과의 산학 협력 강화
- 글로벌 이슈를 다루는 실제 경영 프로젝트 및 케이스 강화
- 다양한 국적, 배경을 가진 학생들의 다문화적 구성 확대

이러한 변화가 이루어질 때, 한국 MBA는 단순히 국내에서 좋은 프로그램을 넘어, 글로벌 스탠더드에 부합하는 세계적 수준의 MBA 프로그램으로 자리 잡을 수 있을 것이다. 세계는 빠르게 변하고 있다. 그리고 글로벌 경쟁력을 갖춘 인재를 키울 수 있는 교육 기관만이 살아남는다. 한국 MBA가 그 흐름을 선도하는 플랫폼으로 거듭나야 할 시점이다.

3) 교육 방식의 진화

코로나19 팬데믹은 전 세계 교육 시스템에 커다란 변화를 가져왔다. MBA 과정 역시 예외는 아니었다. 팬데믹을 계기로 비대면 수업이 급속히 확산되면서, 전통적인 오프라인 중심의 교육 방식은 본질적인 재검토를 요구받게 되었다. 그 결과, 오늘날의 MBA 과정은 단순히 '교실에서 듣는 수업'을 넘어, 온·오프라인을 결합한 하이브리드형 학습 모델로 빠르게 전환되고 있다. 하이브리드 MBA 프로그램은 시간과 공간의 제약을 최소화하면서, 학습자에게 더 큰 유연성과 접근성을 제공한다. 이는 특히 직장인, 창업가, 다양한 경력을 가진 학습자들에게 학업과 업무를 병행할 수 있는 현실적인 대안을 제시하고 있다.

최근 MBA 교육의 또 다른 핵심 트렌드는 마이크로러닝(Microlearning)과 모듈형 교육(Modular Education)의 확산이다. 마이크로러닝(Microlearning)은 짧고 집중적인 학습 세션을 통해 특정 기술이나 개념을 신속하게 습득할 수 있도록 하는 방식이다. 복잡하고 방대한 내용을 한 번에 전달하기보다는, 학습자가 필요할 때마다 필요한 부분만 선택적으로 학습할 수 있도록 지원한다. 모듈형 교육(Modular Education)은 전체 MBA 과정을 일괄 이수하는 것이 아니라, 관심 있는 분야별 모듈을 선택해 이수할 수 있도록 설계된 방식이다. 데이터 분석, AI

비즈니스 전략, ESG 경영, 핀테크 등 자신이 필요로 하는 영역만 집중적으로 학습하고, 이를 조합해 맞춤형 MBA 과정을 완성할 수 있게 된다. 교육 방식의 진화는 단순히 학습 방법의 변화에 그치지 않는다. MBA 학위의 개념 자체를 재정의하는 변화를 이끌고 있다.

MBA는 더 이상 '2년 동안 한번에 끝내는 프로그램'이 아니라, 지속적으로 재학습하고, 필요할 때마다 업데이트할 수 있는 평생 학습의 기반으로 확장되고 있다.

앞으로 한국 MBA가 주목해야 할 것은, 단순히 온라인 수업과 오프라인 수업을 병행하는 것에 그치지 않고, 학습자의 니즈에 맞춘 커스터마이즈 교육, 업무와 학습을 병행할 수 있는 현실적 설계, 최신 산업 트렌드에 맞는 빠른 콘텐츠 업데이트를 통해, 끊임없이 성장할 수 있는 플랫폼으로 진화하는 것이다.

교육 방식의 혁신은 선택이 아니라 필수다. 변화에 앞서 준비하는 MBA만이 미래의 리더를 길러낼 수 있다.

4) 산업 맞춤형 세분화

과거 MBA 프로그램은 '종합적 경영 인재'를 양성하는 데 초점을 맞추었다. 그러나 오늘날 시장은 보다 정교하고 구체적인 전문 역량을 갖춘 인재를 요구하고 있다. 산업과 기술이 고도화되면서, 단일한 '경영학' 지식만으로는 복잡한 시장 환경에 대응하기 어렵기 때문이다. 이에 따라 최근 MBA 프로그램에서는 특정 산업군에 특화된 맞춤형 MBA 트랙을 적극적으로 개설하는 흐름이 뚜렷해지고 있다.

현재 국내외 주요 MBA 과정들은 다음과 같은 전문 트랙을 통해 산업 맞춤형 인재 양성에 나서고 있다.

- 핀테크 MBA: 금융과 기술의 융합을 이해하고, 디지털 금융 혁신을 이끌 전문 경영자 양성

- 헬스케어 MBA: 바이오, 제약, 헬스케어 산업에 특화된 경영 및 전략 역량 강화
- ESG 경영 MBA: 환경(Environment), 사회(Social), 지배구조(Governance)를 아우르는 지속 가능 경영 전문가 양성
- e커머스 MBA: 디지털 커머스와 플랫폼 비즈니스에 특화된 전략적 사고와 실무 능력 배양

〈경희대학교 경영대학원 e커머스 MBA〉

세분화된 트랙은 단순한 '전공 추가'에 그치지 않는다. 각 산업군에 필요한 심화 지식, 최신 트렌드, 실무 프로젝트, 전문가 네트워크 구축 등을 종합적으로 제공함으로써, 산업 특화형 경영 리더를 체계적으로 양성하는 데 목적을 두고 있다. 특히 산업 트렌드 변화 속도가 갈수록 빨라지고 있는 오늘날, '산업별 전문성'은 MBA 졸업생이

시장에서 차별화되는 결정적인 요인이 되고 있다.

 기업들은 이제 경영 일반론만 아는 인재를 찾지 않는다. 헬스케어 스타트업은 의료산업의 규제와 기술 트렌드를 이해하는 경영자를 원하고, 핀테크 기업은 블록체인과 금융 규제에 대한 깊은 이해를 갖춘 경영자를 찾으며, 이커머스 플랫폼은 디지털 마케팅과 고객경험 설계에 능한 경영자를 요구한다. MBA 과정은 이러한 시장의 수요를 적극 반영하여, 보다 정교하고, 실전감각을 갖춘 산업 전문형 경영자를 배출해야 한다.

5) 한국 MBA가 나아가야 할 방향

 한국 MBA는 지난 수십 년 동안 국내 경영 전문 인재를 양성하며 성장해 왔다. 그러나 지금 우리는 기술혁신, 글로벌 경쟁, 산업구조 변화라는 거대한 변곡점 앞에 서 있다. 이제 MBA 교육은 단순히 경영 지식을 전달하는 것을 넘어, 새로운 시대를 주도할 인재를 키우는 플랫폼으로 진화해야 한다.

 단순히 '경영지식 교육'을 넘어, 기술과 경영을 융합하는 인재, 글로벌 감각을 갖춘 리더, 지속 가능한 평생 학습자, 특정 산업을 리드할 전문 인재를 길러내는 종합 플랫폼으로 진화해야 한다. 커리큘럼의 문제가 아니라, MBA를 통해 세상과 비즈니스를 바라보는 '사고방식' 자체를 변화시키는 교육이어야 한다. 변화하는 시대 속에서 한국 MBA가 생존하고 성장하기 위해서는, 변화를 선도할 수 있는 교육 혁신이 필수적이다.

 한국 MBA의 미래는 '변화'와 '진화'를 얼마나 선제적으로 수용하는가에 달려 있다. 기술과 경영을 아우르고, 글로벌 감각을 갖추며, 유연한 학습을 통해 평생 성장할 수 있는 인재를 키우는 것 그리고 산업을 선도할 수 있는 전문성을 갖춘 혁신 리더를 양성하는 것이 바로 한국 MBA가 나아가야 할 방향이다. MBA는 더 이상 과거를 배우는 곳이 아니다. 미래를 준비하고, 미래를 설계하는 곳이 되어야 한다.

우리는

그렇게
걸어왔다

[김상명] 또 하나의, 새로운 배움을 선택하며

[김준태] 다시, MBA를 선택하며 배운 것들

[김태수] MBA는 가족 관계에도 영향을 준다

[김태욱] 전문직이라는 우물에서 벗어나다

[손은택] 경영을 비춰주는 세 가지 안경을 얻다

[이은규] MBA가 결국 내게 남긴 건…

[진기혁] MBA에서의 슬럼프 극복

[김상명] 또 하나의, 새로운 배움을 선택하며

"세상과 기술은 빠르게 변화합니다. 학부 시절 몇 년 공부한 전공만으로 평생을 살아갈 수 있을까요?"

몇 년 전 특강에서 들은 한 뇌과학 교수의 질문은 오랫동안 마음에 남았다. 나는 불안 때문에 MBA를 선택한 것은 아니었다. 학부 때부터 품어온 막연한 꿈을 따라 1년 정도 치열하게 미국 MBA를 준비했지만, 예기치 못한 사고로 계획을 접어야 했다. 시간이 지나 몸과 마음이 회복된 뒤에는, 현실적인 상황과 투자 대비 효과를 냉정하게 고민했고 회사 생활에 집중했다.

학부에서 의류학과 경영학을 전공하고 10년 동안 상품기획자와 MD로 커리어를 쌓았다. 그러던 중 한정된 카테고리를 넘어 회사 차원의 전략과 의사결정 과정을 직접 경험하고 싶었다. 하지만 특정 분야에 집중된 전공과 경력만으로는 직무를 전환하는 데 한계를 느꼈다.

새로운 배움이 필요하다고 판단했고, 만족하고 있는 직장을 놓치고 싶지 않아서 국내 파트타임 MBA를 선택했다. 진학을 결심했을 때, 세 개 학교의 입학설명회에 참석했다. 그 중 KAIST MBA 입학설명회에서는 전공별 책임교수님들의 프로그램 소개와 30분 강의가 진행됐다. 당시 PMBA 책임교수였던 윤여선 교수님의 강의를 듣고, 그 자리에서 KAIST PMBA로 지원을 결정했다. 짧은 시간이었지만 몇 년 동안 내가 경험한 어떤 시간보다 가치 있는 시간이었고, 머리가 다시 깨어나는 것 같은 전율을 느꼈다. '생각하는 힘'을 키운 3년 뒤의 내가 기대됐다.

스스로 원해서 한 선택이었고, 열정도 불탔지만 과정은 결코 쉽지 않았다. 만삭 중에도 퇴근 후 새벽 1~2시까지 자료를 읽기도 했고, 밤 늦게까지 원우들과 투자동아리 연말 모임을 준비하기도 했다. 대상포진에 걸려가며 버티는 원우들도 종종 볼 수 있었다. 내가 작성한 제4장 '어떻게 준비할 것인가?'에서는 이 과정을 가능한 생생하게 담고자 했다. 열정 가득한 원우들을 보며 나 자신을 더 밀어붙였고, 묵묵히 서로를 도우며 이 과정을 이겨 나가는 그들을 보며 다른 사람과 함께 하는 삶 그리고 겸손을 배웠다.

재학 중 전략기획으로 직무를 변경하고, 동시에 결혼을 준비하는 동안에도 학업을 소홀히 하고 싶지 않아 결국 2학년 때 한 학기 휴학을 택했다. 그리고 아쉬움을 남기고 싶지 않아 꼭 듣고 싶은 수업을 추가 수강하며 4년만에 졸업했다. 그럼에도 4년이라는 값진 시간은 결코 길게 느껴지지 않았다.

MBA 자체가 직무 전환과 승진이라는 변화를 직접 이끌었다고 생각하지는 않는다. 하지만 이 과정 동안 비즈니스를 바라보는 시각을 넓히고 생각하는 힘을 기른 것은 분명 도움이 되었다. 기획 업무를 담당하며 회사 전체 관점에서 비즈니스를 바라보는 것을 경험할 수 있었고, 지금도 하루하루 배우며 일하고 있다.

나의 경험은 친동생에게도 긍정적인 영향을 미쳤다. 산업디자인을 전공하고 서비스 기획자로 일하는 동생에게도 비즈니스 전반에 대한 이해가 필요하다고 생각해 MBA 진학을 권유했고, 현재 동생은 2학년에 재학하며 다양한 산업의 원우들과 교류하고 더 넓은 세상을 경험하고 있다.

이 여정 동안 나를 응원해 준 가족에게 깊은 감사를 전하고 싶다. 우리에게 찾아올 아기를 기다리며 시간 맞춰 시험관 시술 주사를 놓아주기 위해 학교 주차장에서 나를 기다려준 든든한 내 편, 이제 막 돌이 지난 소중한 아들, 욕심 많은 딸을 응원하며 물심양면 도와주시는 부모님, 그들의 헌신과 사랑이 없었다면 이 여정을 완주할 수 없었을 것이다.

　MBA는 나에게 스스로를 다시 세우고, 앞으로 나아가기 위해 필요한 선택이었다. 돌아보면 배움의 효과는 기회의 크기가 아니라, 내가 어떤 자세로 임하고 얼마나 적극적으로 활용했는지에 따라 완전히 달라진다. 지금 이 순간, 당신의 선택과 노력은 생각보다 훨씬 멀리 당신을 이끌어 줄 것이다. 한층 더 성장한 내일을 위해 우리 모두에게 응원을 보낸다.

[김준태] 다시, MBA를 선택하며 배운 것들

　나는 성균관대학교 MBA를 수학한 후, 약 15년간 실무의 최전선에서 치열하게 일하며 경험을 쌓았다. 기업의 성장을 고민했고, 조직을 이끌었으며, 시장의 변화에 맞서 전략을 고민하는 일에 몰두했다. 그 시절의 나는 실무자였고, 중간관리자였으며, 때로는 조용히 리더의 자리를 지켜야 하는 사람이었다.

　그런 내가 다시 연세대학교 MBA의 문을 두드릴 줄은 몰랐다. 우연히 검색하다가 홈페이지를 발견했고, 그냥 한번 눈여겨 본게 시작이었다. 단지 집과 가까워 다니기 편하겠다는 단순한 이유였다. 하지만 그 사소했던 선택이 내 인생의 두 번째 큰 전환점을 만들게 될 줄은 그땐 몰랐다.

　회사에서는 팀장으로 팀원들을 이끄는 역할을 하고 있었고, MBA에서는 다양한 분야에서 경력을 쌓아온 조원들과 함께 조장 역할을 맡았다. 리더로서 팀을 이끈다는 것이 익숙한 일이었지만, MBA 조에서는 조금 달랐다. 함께하는 이들은 모두 각자의 산업에서 '중간관리자'로 충분한 경력을 쌓은 인재들이었다. 누군가를 가르친다는 접근이 아닌, '서로를 존중하고 경청하며 방향을 제시하는' 리더십이 필요했다.

　그 속에서 나는 '서번트 리더십'의 본질을 체득하게 되었다. 앞에서 끌기보단 뒤에서 받쳐주는 리더, 강요가 아닌 공감으로 설득하는 리더. 리더십은 포지션이 아니라 '관계'라는 사실을 다시금 깨달았다.

　동시에, 시간과의 싸움도 시작되었다. 연세대학교 MBA 과정을 수강하면서, 나는 연세대학교 TBT 고위과정과 중앙대학교 표준고위과정까지 함께 병행했다. 일주일 내내 강의와 팀플, 과제와 회의, 회사 업무까지 쉴 틈 없이 이어졌다. 어떤 날은 수업을 마치고 사무실로 복귀해 야근을 하기도 했고, 어떤 날은 팀플을 끝낸 후 새벽까지 보고서를 작성해야 했다.

　하지만 그 바쁜 나날 속에서, 나는 '시간을 다루는 법'을 배웠다. 시계의 분침이 아닌, 몰입의 강도로 하루를 재단했고, 그렇게 하루를 48시간처럼 활용하는 법을 체득했다. 바쁘다는 이유로 회피하는 것이 아니라, 바쁜 가운데서도 '해야 할 일과 하고 싶은 일'을 동시에 해내는 법. 그것이 내가 MBA에서 얻은 또 하나의 값진 자산이었다.

　MBA 생활 중 가장 기억에 남는 경험 중 하나는 바로 '경영사례분석대회'였다. NH농협과 우리은행 등 국내 주요 금융산업을 주제로, 그들의 현재와 미래를 전략적으로 분석하고 새로운 성장 방향을 제시하는 프로젝트였다. 팀원들과 밤을 지새우며 전략을 세우고, 발표 자료를 만들고, 피드백을 반영하며 치열하게 준비했다. 그 노력의 결과로 2년 연속 우수상을 수상할 수 있었다. 뿐만 아니라, 연세대학교 TBT 고위과정에서는 '사이버보안 기술을 활용한 무역장벽 해소 방안'을 주제로 팀을 이끌었다. 빠르게 변화하는 글로벌 기술 규제 환경 속에서, 우리 산업이 나아가야 할 방향성과 정책 제언을 정리했고, 그 결과 산업통상자원부 장관상을 수상하는 영예를 안았다. 중앙대학교 표준고위과정에서는 국가표준화에 기여할 수 있는 실질적 사례를 연구해 2회에 걸쳐 우수논문상을 수상했고, 연세대학교 창업경진대회에서는 팀 아이템에 대한 시장성과 사업전략을 정교하게 설계해 또 한번 우수상을 받았다.

이러한 도전과 성취만큼이나 인상 깊었던 것은 다양한 사람들과의 '연결'이었다. 연세대 MBA는 단지 학문과 실무의 융합을 넘어서, 자발적이고 유기적인 네트워크 문화를 갖고 있었다. 원우들이 운영하는 골프, 야구, 축구, 농구 등 스포츠 커뮤니티는 서로를 자연스럽게 이해하고 교류할 수 있는 장이었고, 여기에서 탄생한 인연은 이후 실제 비즈니스로도 이어졌다. 재직 중인 산업의 정보를 교류하는 '산업연대국' 활동을 통해서는 각 산업별 트렌드를 보다 빠르게 파악할 수 있었고, 실무자 간 교류를 기반으로 한 'Link'에서는 디테일한 수준의 협업 기회를 탐색할 수 있었다. 필자는 특히 마케팅 직군 중심의 모임과 '연세유통연구소' 활동을 통해 유통 및 디지털 마케팅에 대한 인사이트를 넓혔고, 이 네트워크를 실질적인 창업 구상과 연결하기 위한 준비도 병행했다. 더 나아가, 성균관대 MBA 출신들의 네트워크와도 활발히 교류하며 다양한 시각과 자원을 연결하는 데 집중했다. MBA라는 공동의 언어 속에서 학교 간의 경계를 넘어선 교류는 새로운 도전을 위한 든든한 기반이 되었다.

MBA는 내게 단지 또 하나의 학위를 준 것이 아니다. 내가 어떤 사람인지, 무엇을 할 때 가장 열정적인지, 어떤 방식으로 세상에 기여하고 싶은지를 묻고 답할 수 있는 기회를 주었다. 그리고 그 질문과 대답 속에서, 나는 나 자신을 다시 설계했다. 혼자였다면 버겁고 두려웠을 것이다. 하지만 함께했던 동료들이 있었고, 그들과 함께 불안함을 나누며, 우리는 각자의 방향으로 성장해 나갔다. 지금 이 글을 읽고 있는 당신이 불안하다면, 오히려 반가운 일이다. 불안은, 더 나아질 수 있다는 증거이고, 새로운 시작을 위한 신호이니까. 나 역시 그 불안함 속에서 출발했다. 그리고 그 여정의 끝에는, 내가 예상하지 못한 놀라운 '나'가 있었다. 불안해서 시작한 길 위에서,

당신도 가장 빛나는 자신을 만나게 되길 바란다.

[김태수] MBA는 가족 관계에도 영향을 준다

이대로 서비스를 운영하다가는 좌초할 것 같은 불안감 속에서 찾은 곳이 바로 MBA였다. 경영 관련 지식과 실무 경험이 절실했고 회사 대표의 권유로 시작하게 되었다. 당초에는 전문성과 네트워크를 쌓는 것이 주 목적이었지만, 뜻밖에도 MBA는 내 삶 전반에 긍정적인 변화를 가져다주었다. 특히 나와 아이의 관계에도 큰 영향을 주었다는 점에서 더욱 의미 있다.

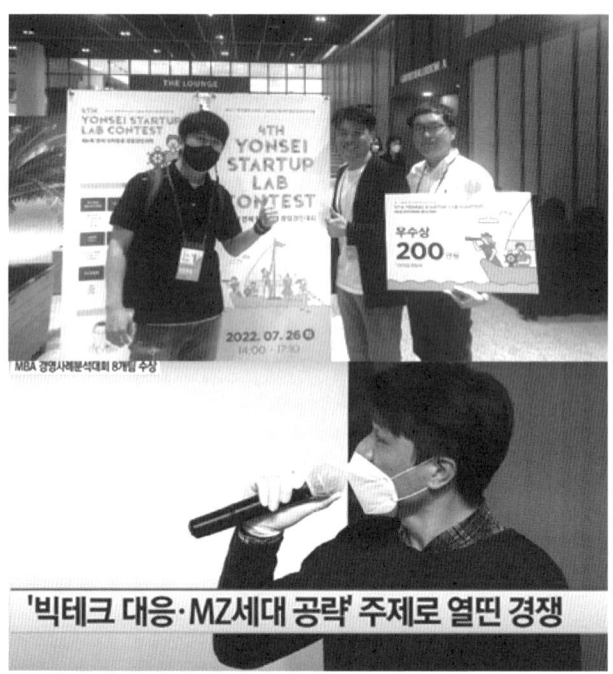

〈MTN 캡쳐:연세대 창업경진대회 출전(위)과
MBA 경영사례 분석대회 본선 발표(아래)〉

아이의 입장에서 나는 회사 다니는 아빠에서 공부하는 아빠로의 포지셔닝되었다. 왜 공부하는지 모르겠고, 그냥 시키니까 해야 한다고 생각하는 중학생 아이에게 나이 들어서도 스스로 공부하는 아빠의 모습은 낯설고도 신선하게 다가온 것 같다. 함께 책상에 앉는 시간이 늘어나고, 과제를 하고 발표 준비하는 모습을 보면서 서로가 서로에게 자극을 주었다. 재학 중 두 번의 경영사례분석대회와 한 번의 창업경진대회에 도전하여 수상한 것도 긍정적인 영향을 주었다. 아이는 공부하고 이를 결과로 만드는 모습을 보며 아빠가 그저 회사 다니는 사람이 아니라, 무언가를 이루기 위해 꾸준히 노력하는 사람이라는 인식을 가졌다. 함께 공부하는 어려움을 나누고 작은 성취에 기뻐하며 자연스럽게 대화의 시간도 많아졌다. 물론, 사춘기 아이의 변화무쌍한 반응에 당황스러운 순간도 있었지만 서로 공부하는 동료로서 대화도 자주 할 수 있었다.

중학생 아들의 눈에 나는 여전히 '이기고 싶은 대상'이었다. 심리학 이론에서도 말하듯, 아들은 종종 아버지를 경쟁 상대로 여긴다. 나 또한 그 감정을 종종 느꼈고 조금은 즐기기도 했다. 연세대 MBA에 다니며 '연고전'을 응원하러 고대 캠퍼스를 찾은 날, 아이는 다행히 연세대를 응원했다. 그러나 집에 돌아오는 길, '나는 고대를 가야겠다'는 선언을 했다. 아마도 아빠는 이겨야 하니까. 물론 다짐만으로 갈 수 있는 것은 아니지만, 목표를 세웠다는 그 자체로도 나는 만족스러웠다. 고등학생이 된 아이는 여전히 꿈을 품고 노력하고 있지만 현실의 높은 벽을 느끼는 듯하다. 안타깝게도 …

작년 겨울, 문득 아이에게 물었다. '산에 한 번 갈래?' 예상 외로 아이는 선뜻 따라나섰고, 우리는 함께 월악산을 오르기로 했다. 아마 MBA 형님들과 몇 차례 산행을 다녀온 경험 덕분일 것이다. 이왕이면 힘든 산에 가고 싶다는 아이의 말에 월악산으로 정하고, 새벽 버스를 타고 다녀온 그날은 지금도 내 마음에 깊이 남아 있다. 힘들

〈MBA 원우 아이들과 1박 2일 봄, 겨울 산행과
단 둘이 월악산 등반〉

지만 행복했던 시간, 체력이 이제는 나보다 더 좋은 아이와 걸으며 서로의 목표와 일상에 대해 나눈 대화 그리고 힘들어하는 우리를 응원하며 '파이팅!'을 외치던 아이의 모습은 MBA가 내게 준 또 하나의 선물이었다. 고등학생이 된 지금, 언제 또 이런 시간을 보낼 수 있을까 싶어 더없이 소중한 기억으로 남아 있다.

2년간 일과 학업을 병행하면서 걱정이 많았지만 다행히 가족들은 언제나 나를 응원해주었다. 내 자리를 채워준 아내의 헌신 덕분에 나는 학교도, 회사도, 대회도 마음 놓고 몰입할 수 있었다. 집에 없을 때도 아내는 아이에게 아빠의 노력을 이야기하고 늘 든든하게 지지해주었고 아이는 공감과 함께 긍정적인 시각으로 바라보았다. 가족이 계속 좋은 관계를 유지할 수 있는 가장 큰 이유는 바로 아내의 노력과 가족을 이해하는 아이 덕분이다. 사람은 어려울수록 가족의 소중함을 느낀다고 한다. 힘든 시기에 내 곁을 지켜주었고, 지금도 여전히 힘이 되어주는 우리 가족 모두에게 이 자리를 빌려 진심으로 감사하다는 말을 전하고 싶다.

[김태욱] 전문직이라는 우물에서 벗어나다

학부를 졸업하고 세무사라는 전문직으로서 사회경제활동을 하던 중 학업 및 보다 넓은 인적 네트워크의 확장이라는 목표를 가지고 MBA에 지원하여 입학하게 되었던 것이 2019년 12월이었던 것 같다. 학부시절 경영학과로 경영, 회계 등을 미리 접하고 세무사라는 길을 걷게 되었고 이후 세무사에 합격하여 대기업부터 작은 소상공인 사업자들의 세무적인 신고 및 이슈들에 대하여 다방면으로 다루었다. 대기업부터 중견기업에 아우르는 회사들은 세무법인의 소속세무사 시절 외부조정을 통하여 적법한 세무적용 검토 및 반영하는 일을 주로 하였으며 이후 개업세무사로서 십수 년이 넘는 기간을 중소기업 및 소상공인을 아우르며 사업자분들의 세금신고와 세무적인 이슈에 대한 해결 및 정확한 세금신고에 중점을 두어 해당 업무를 하고 있다.

현재도 세무사사무실을 운영하고 있으나 대학원에서 알게 된 다른 분야와 넓어진 시야를 바탕으로 창업기업들의 창업 및 초기 및 도약단계에서의 세무회계적인 도움을 드리고자 관련 벤처기업의 사외이사로도 활동하고 있다. 대학원이 계기가 되어 정부의 창업 정책을 알게 되어 연구하고, 그러한 창업의 세계에 발을 들여놓는 젊은 창업가들을 만나는 자리도 많이 가질 수 있었다. 전문 멘토로서 창업자들에게 어려운 세금문제에 대하여 이해하기 쉽게 멘토링 및 강의도 진행할 수 있는 계기가 된 소중한 시간들을 대학원을 통하여 깨닫고 접할 수 있게 되었다. 현재 현장에서 기존 사업자뿐만 아니라 창업을 준비하는 중소기업과 소상공인 사업자분들에게 정확한 세금신고업무의 안내 및 상담 소통을 통하여 각 업종에 맞는 회계 및 세무처리를 업종에 맞고 사업장현황에 적절한 세액공제와 세액감면의 방법 및 절차 등을 안내하여 절세방안을 연구하고 반영하는 일에 심혈을 기울이고 있다.

함께하는 연합대학 MBA 원우님들께 감사드리며 해당 책자를 통하여 각 대학별 MBA에 지원하는 미래의 원우님들의 선택에 도움이 되었으면 한다. 마무리로 사랑하는 가족이자 든든한 버팀목인 아버지(김환규), 어머니(황희숙), 재경, 나혜, 도원에게 감사한 마음을 남겨본다.

[손은택] 경영을 비춰주는 세 가지 안경을 얻다

회사 생활을 20년 가까이 하였지만 기업 경영을 이해하고 자신만의 무기를 갖추는 것이 여전히 어렵다. 성균관대 IMBA는 경영에 대한 이해를 높일 수 있는 세 가지 종류의 안경 역할을 하며 나에게 있어서 직장인으로서의 시야를 환하게 열어 줬다.

우선 MBA는 '원시용' 안경으로서 경영학 문외한 이었던 나에게 경영학의 이론과 개념을 정립시켜 주고 업무에 접목시킬 수 있게 해주었다. 행정학 전공자로서 20년간 인사, 교육, 총무분야 위주로 직무를 수행하다보니 경영학 이론과 개념의 직접적인 필요를 느끼지 못하고 주먹구구식으로 전임자들이 해왔던 업무를 Ctrl+C, V 방식으로 답습해 왔다. MBA 과정을 밟으면서 조금이나마 내가 하는 업무가 기업 경영 관점에서 어떠한 성과 창출에 기여하는지를 다시금 생각하고 회계·마케팅·경영전략 관점에서 업무를 바라보는 인사이트를 제공해 주었다.

MBA는 '근시용' 안경으로서 회사, 업무에 몰입되어 있던 나에게 다양한 분야의 사람들과 접할 기회를 넓혀줌으로써 인적 네트워크 확장과 함께 내 자신의 몸값은 저절로 만들어 지지 않는다는 현실을 느끼게 되었다. MBA 과정을 밟기 전 지하철 운영사 초창기 멤버로서 회사 내 입지도 단단하여 소위 거침없이 하이킥을 날리는 자만감에 빠져 있었다. 이러한 매너리즘과 자만감에서 탈출하고자 MBA 과정을 밟게 되었다. 수업과 연구회 활동을 통해 여러 분야 사람들과 교류하면서 다양한 업종을 알게 되고 치열한 경쟁 속에서 하루하루를 열심히 살아가는 원우들의 모습이 나에게 깨달음을 주면서 우물안 개구리를 탈피하게 되었다.

마지막으로 MBA는 '다초점' 안경으로서 경영학 이론과 트렌드 이해를 높이는 동시에 인적 네크워크 구축할 수 있는 자발적 학습조직 리더의 기회를 부여해 주었다. 성균관대 IMBA 졸업생, 재학생을 중심으로 2018년 10월부터 동아비즈니스리뷰 아티클로 월 2회 세미나를 기획하고 운영해 오고 있는데 이를 통해 최신 경영학 이론과

〈DBR Open Forum 활동 사진〉

이슈를 다양한 분야의 현실과 접목하여 논의하면서 경영학 내공과 다양한 인맥을 두루 갖춘 전문가로 나아가 미래의 CFO로 하루 하루를 즐겁게 전진하고 있다.

[이은규] MBA가 결국 내게 남긴 건…

2020년부터 2023년까지의 시간은 내 인생의 여정 중 가장 깊은 굴곡이었다. 지금까지 그리고 앞으로의 삶에서도(감히 단언하기 조심스럽지만) 이토록 고통스럽고 벅찬 시간은 없으리라 생각한다.

당시 직장에서 느끼던 답답함을 벗어나고자 이직을 꿈꿨지만, 아이러니하게도 경력이 쌓일수록 이직의 방향성은 더욱 흐릿해져만 갔다. 그 혼란 속에서 아내가 건넨 MBA라는 제안은 처음에는 닿을 수 없는 별처럼 멀게만 느껴졌다. 그러나 '무언가라도 시도해보자'는 마음으로 도전한 MBA 합격 소식은 오랜 가뭄 끝에 내린 첫 빗방울 같은 희망이었다.

나와는 전혀 다른 세계처럼 느껴지던, 대한민국 최고의 학교에 입학했다는 뿌듯함은 언어로는 형용할 수 없는 감정이었다. 그리고 그 설렘은 곧 현실의 변화로 이어졌다. 대한민국 제1호 인터넷전문은행을 오픈했던 경험을 인정받아 제3호 인터넷전문은행의 초기 멤버로 합류하게 된 것이다.

학기 중의 이직, 그것도 엄격한 조직문화로 유명했던 곳이었기에 걱정은 컸다. 하지만 이미 엎질러진 물처럼 돌이킬 수 없는 선택이었고, 모든 것을 해내야만 하는 상황 속에서 이를 악물고 하루하루를 버텨냈다. 그렇게 1년의 시간이 흘렀다.

이듬해 찾아온 쌍둥이의 출산과 부모님의 건강 악화는 또 다른 차원의 무게로 내 어깨를 짓눌렀다. 결국 다음 해에는 더 이상 이러한 상황을 감당할 수 없어 내가 선택할 수 있었던 것들 중 가장 쉬운 결정이었던 휴학을 선택할 수밖에 없었다. 휴학 기간 동안에도 한 가정의 아들, 아빠, 남편 그리고 회사원으로서의 책임은 해결되기는커녕 더 복잡한 실타래처럼 얽혀만 갔다. 여기에 다시 학생이라는 역할까지 더해졌을 때, 매 순간이 숨이 턱까지 차오르는 고통이었다. 겨우겨우 하루하루를 견디며, 가끔은 작디 작은 순간의 승리의 맛을 보면서… 지금 돌이켜봐도 쉽지 않은 여정이었다.

그렇다면 이 모든 고난 속에서 MBA는 나에게 어떤 의미를 남겼을까? 누군가의 냉소적 평가처럼 '의미 없는 졸업장 한 장'에 불과했을까? 감히 말하건대, MBA는 나에게 가장 소중한 진리를 깨닫게 해주었다. 어떤 고난도 결국은 지나간다는 것 그리고 때로는 그 고난이 '고통을 이겨낸 승리'로 기억된다는 것을. 더불어 대한민국을 이끄는 다양한 산업의 전문가들로부터 얻은 생생한 인사이트와, 든든한 인적 네트워크는 내 삶의 큰 자산이 되었다.

MBA는 단순한 학위를 넘어, 내 인생의 결정적 이정표가 되었으며 앞으로의 삶에도 끊임없이 긍정적인 파장을 일으킬 것이라 확신한다. 어쩌면 내가 이룩한 보잘것없는 커리어와 나라는 사람의 평범함이 이 글을 순간에도 떠올라 부끄럽지만, 이 책의 집필에 용기 내어 참여한 이유는 단 하나다.

나와 같은 폭풍우 속을 헤쳐 나가는 이들에게, MBA라는 등대가 그들의 항해에 작은 빛이 되길 바라는 마음에서였다.

이 글을 빌어, MBA 여정을 포함한 삶의 모든 순간을 함께 견뎌 준 사랑하는 아내 이지은과 내 삶에 있어 가장 큰 선물이자 보물인 쌍둥이 유주와 효주, 결국엔 건강을 회복하여 행복한 기억들을 함께 만들어가고 있는 부모님, 마지막으로 토스뱅크 General Affairs Team 동료분들에게 깊은 감사의 마음을 전한다.

[진기혁] MBA에서의 슬럼프 극복

　에필로그는 MBA 과정 중 나에게 찾아왔던 슬럼프의 기억을 떠올리면서 마무리를 해볼까한다. 생각해 보면 대학원 생활이 늘 순탄했던 것은 아니다.
　2023년, 세 번째 학기가 시작될 무렵, 깊은 고민에 빠졌다. 회사에서 여러 가지로 부족한 부분이 많아 나머지 공부를 해야 하는 날들이 많아졌고, 주말에도 예고 없이 들어오는 일정도 많았다. 사내 행사, 파트너사와의 라운딩, 출장 등이 매주 연거푸 몰려왔다. 학교를 가야 하는 토요일에도 회사일정들로 바빠지면서 "과연 내가 남은 학업을 끝까지 병행할 수 있을까?" "앞으로 MBA 1년 반을 더 유지할 수 있을까? 졸업은 가능할까?"라는 생각이 들었다. 당시 회사 내 실적압박과 잦은 조직의 변화 속에서 학업까지 해내는 것이 현실적으로 가능한 일인지 확신이 서지 않았다. 한 학기만 쉬었다가 복학하는 것도 방법이라는 생각이 들었다.
　사실 대학원 때문에 회사 일을 소홀하게 하는 것도 싫었고, 밀려오는 회사일에 학업까지 감당할 자신이 없었기에 학기 등록을 망설였다. 학기등록 일주일을 앞두고 고민을 가족과 동기들과 상의했고, 한동안 이러지도 저러지도 못한 진지한 고민을 했던 것 같다. 결국 휴학을 결심하고 고심끝에 주임교수인 신 교수님께 전화를 드렸다.
　신 교수님은 과거 D그룹에서 식품유통과 마케팅을 리딩하며 석·박사 과정을 병행한 후 교수로 전향한 분이기에, 강도높은 회사생활과 학업을 동시에 해낸 경험을 가지고 계셨다. 그 당시 같은 조직에 교수님과 함께 근무하셨던 친한 원우님의 전언에 의하면 신 교수님은 매우 엄격한 조직장이면서 엄청난 강도의 학업과 논문까지 완수하고, 잠자는 시간도 아껴가며 박사과정까지 해내신 분이었다. 교수님은 나에게 조언을 아끼지 않으셨고, 그 중에서도 가장 기억에 남는 말씀은 '한 번 휴학하면 복학하기 힘드니. 나 믿고, 계속 학업하자, 힘들때 내가 도와줄께.'

교수님의 조언과 진심어린 말씀에 나는 휴학하지 않고 계속 학업을 유지하기로 결심했다. 신기한 일은 바쁠 것 같아 수업에 불참할 것 같았던 학기에 딱 한번 결석 외에 모든 수업을 다 듣게 되었다. 사실 닥치지도 않은 걱정을 미리 했던 것이고, 운이 좋게 토요일에 예정되어있던 회사일정들이 금요일이나 일요일로 연기되면서 다행히 토요일은 정상적으로 내가 수업에 참여할 수 있게 되었다.

어쩔수 없는 이유로 휴학 후 결국 돌아오지 않았던 동기와 후배의 사례를 보기도 했다. 회사 일이 바빠서, 개인적인 사정 때문에, 혹은 단순히 학업에 대한 동력이 사라져서, 이유는 다양했지만, 한 번 멈춘 학업을 다시 시작하는 일이 생각보다 쉽지 않았을 것이다. 대학원은 한 번 쉬면 다시 돌아오기 쉽지 않고 물론, 돌아올 수도 있지만, 탄력이 붙었을 때 논스톱으로 마무리하는 것이 효율적이다. 당시 교수님이 오래전 직접 감수한 책 한 권을 선물로 주셨다. 친필 싸인까지 해주셨던 책 제목은 『정년까지 살아남는 샐러리맨의 90가지 지혜』책을 읽으며 회사 생활 속 내 고민들과 맞닿아 있는 이야기들을 발견할 수 있었다. 휴학을 하지 않았던 이유 중에 하나 중 이런 생각도 있었다.

이미 힘든데, 더 힘든 것을 두 배로 견디는 게 가능할까? 사실, 사람은 생각보다 강하다. 하지만 무작정 버티는 것과 전략적으로 버티는 것은 다르다. 회사 일이 벅찬데 MBA까지 병행한다는 건 단순히 고통을 더하는 일이 아니다. 중요한건 이 과정이 어떤 결과로 이어질지를 생각하는 것이다. 같은 두 배의 노력이라도, 의미 없는 버팀은 나를 소모시키지만, 목적이 있는 도전은 성장의 밑거름이 된다. 힘든 상황에서 더 힘든 걸 감내하려면, 최소한 그 고통이 나를 어디로 이끌 것인지 알고 있어야 한다.

그렇게 마음을 다잡고, 시간을 효율적으로 활용하기로 했다. 하루를 이틀처럼 쪼개서 쓴다는 말을 실제로 경험해보았다. 새벽에 공부도 해보고, 밤늦게까지 일도 하며, 주중과 주말을 가리지 않고 내 시간으로 활용했다. 때로는 회사 일정과 수업, 워크샵이 겹쳐 마치 인기 연예인처럼 빡빡한 일정을 소화하는 날도 있었다. 주말마다 학교에서 한 주간의 회사 스트레스를 학업이라는 방식으로 풀어보기도 했다. 그렇게 2년 반 동안 꾸준히 달려왔고, 결국 논스톱으로 졸업까지 해낼 수 있었다.

〈주임교수님이 선물해주신 직접 감수한 책,
정년까지 살아남는 샐러리맨의 지혜〉

대학원과 함께한 시간 그리고 나의 성장

돌아보면, 회사 임원으로서 어려운 시간을 버텨낼 수 있었던 이유는 대학원 생활을 함께했기 때문이다. 만약 회사 생활만 했다면, 아마도 그만큼 힘들어서 쉽게 포기하려 했을 것이다. 하지만 주말마다 대학원에 가서 바쁘게 수업을 듣고 원우들과 만나며 지내다 보니, 오히려 사람의 능력과 에너지는 힘들 때 더 빛을 발한다는 사실을 깨달았다. 정말 힘들 때는, 더 힘든 일이 그 힘듦을 상쇄시켜주기도 한다. 어떤 면에서는, 대학원에서의 경험과 토론이 지금의 회사 생활을 더 빛나게 해주었다. 회사에서 쌓은 경험이 학업에 도움이 되었듯이, 학업을 통해 넓어진 시야가 다시 회사에서의 나를 더 단단하게 만들어주었다.

처음에는 지금의 회사에서 임원 생활을 시작할 때 '1년만 버텨보자'는 마음으로 시작했다. 어차피 나에게도 새로운 도전이었고 계약직이기에 언제든 상장사인 회사에서는 매년 나의 필요성에 대해 다양한 각도로 평가를 할 것이다. 그러다 1년이 지나고 'MBA 졸업까지 가보자'는 목표가 생겼고, 이제는 '졸업 후에는 MBA에서 변한 나의 강점을 가지고 이젠 회사가 나를 평가하는 것을 불안해하기보다 내가 회사 성장에 더 기여할 수 있는 방법을 찾고, 실행해 내는 단계까지 오게 되었다. 시간은 나를 더 단단하게 만들어주었고, 강한 자가 버티는 것이 아니라 버티는 자가 강하다는 사실을 직접 경험했다.

대학원을 다녔기에 가능했던 회사와 학업의 균형 그리고 그 시너지. 그것은 단순한 공부 이상의 의미가 있었다.

'이미 시작한 거, 끝까지 잘 마무리해.' 가족의 한마디가 버틸 수 있는 힘이 되었다. 돌아보면, 그때 고민하던 휴학, 하지 않기를 참 잘했다.

그리고 이 모든 과정을 지나온 지금, 함께 졸업한 5명의 1기 동기들과 주임교수님이신 신광수 교수님, 마지막으로 나의 학업을 전적으로 응원해준 사랑하는 아내와 딸 소율에게도 자랑스러운 아빠의 모습이었기를 확신한다.

〈24년 가을, 나의 MAB 졸업식 사진, 결국 1기 7명 중에 5명이 졸업했다〉

　MBA 졸업 후, 더 많이 성장한 내가 바라보는 현재의 회사 생활 속 나에게, 새로운 분야의 회사에서 임원 생활이 쉽지 않았지만, 잘 이겨내고 있음에 스스로 감사하고, 지금 3년차로 일하고 회사에서도 성장하고 있음에 감사함을 느낀다. 그리고 더 많은 성장과 가능성을 가지게 된 나에게 '잘 하고 있다'라고 말해주고 싶다. 이제 다시 새로운 나의 시간을 준비해 본다. 앞으로 또 어떤 일들이 펼쳐질까?

에필로그

다시, 불안 앞에 선 당신에게

이 책은 MBA를 권하는 책의 의미를 넘어, 불안을 감춘 채 버티기만 하던 사람들이, 스스로에게 조금 더 진지해지기 위해 선택했던 하나의 과정에 대한 기록이다. 우리는 화려한 배경도, 완성된 경력도 아닌, 그저 '지금 이대로 괜찮은 걸까?'라는 질문 하나를 품고 있었다. 그 질문의 무게는 생각보다 무거웠고, 대답은 누구도 대신해 줄 수 없었다.

그래서 우리는 스스로 걸어보기로 했다. 각자의 삶에서, 각자의 자리에서, MBA라는 문을 열어보았다. 누군가는 낮에는 일을 하고 밤에는 수업을 들었고, 누군가는 매일같이 자신을 시험하며 바쁜 일상 속에서 버텨냈다. 그 시간들은 쉽지 않았지만, 그만큼 스스로에게 더 가까워질 수 있는 시간이기도 했다. 돌아보면, 그 시간들은 숫자로 셀 수 없을 만큼의 팀플, 수업과 과제, 피드백과 자기 회의의 연속이었다. 함께하는 사람들을 통해 자극을 받고, 익숙한 세계 바깥의 사고방식을 마주하며 조금씩 변해갔다. 성적보다 더 중요했던 건, 결국 그 안에서 '내가 누구이고, 어떤 삶을 선택하고 싶은 사람인가'를 묻는 일이었다.

우리는 MBA를 마쳤지만, 모든 것이 명확해진 것은 아니다. 지금도 불안은 종종 다시 고개를 들고, 삶은 여전히 변수로 가득하며, 커리어는 정답보다 방향이라는 말을 실감하며 살아간다. 하지만 한 가지는 분명해졌다. 그 불안은 피할 것이 아니라, 스스로를 향해 나아가게 하는 '힘'이라는 것. 그 시절의 불안은 우리를 망가뜨리지 않앉고, 오히려 단단하게 만들었다. 질문을 멈추지 않았기에, 지금 우리는 조금은 더 솔직하고, 조금은 더 유연하게 앞으로를 상상할 수 있게 되었다.

지금 이 책을 읽고 있는 당신도, 어쩌면 비슷한 질문을 품고 있을지도 모른다. '지금의 나는 괜찮은 걸까.' '이 길의 끝에는 무엇이 기다리고 있을까.' 혹은 단지, '조금만 멈추고 싶다'는 마음일 수도 있다. 그 질문 앞에서, 불안이 결코 부끄러운 것도, 잘못된 것도 아니라는 것을 우리는 경험을 통해 알게 되었다. 오히려 불안은 삶을 바꾸고 싶은 사람만이 가질 수 있는 감정이고, 그 감정을 붙잡아 무언가를 시작해 보려는 순간, 우리는 이미 변화의 첫 걸음을 내딛고 있는 것이라고 믿는다.

이 책을 읽은 당신에게도 조심스럽게 말해 본다. 꼭 MBA가 아니어도 좋다. 꼭 무언가를 이뤄야 하는 것도 아니다. 중요한 건, 그 질문 앞에서 스스로를 믿고 한 걸음을 내디딜 수 있는 용기다. 이 책이 그 걸음을 응원해주는, 누군가의 이야기를 옆에 둘 수 있는 그런 동료가 되어주기를 바란다. 삶이 흔들릴 때, 커리어가 멈춰 보일 때, '불안했기에 우리는 시작할 수 있었다'는 말이 당신에게도 조금은 힘이 되기를 희망한다.

[미주]

1) 벼룩시장조사, 「직장인 10명 중 9명 고용불안 느낀다」, 뉴스와이어.
   (https://www.newswire.co.kr/newsRead.php?no=992810)
2) 정세정, 신영규, 「디지털전환과 인공지능(AI) 기술에 관한 인식과 태도에 대한 10개국 비교」, 한국보건사회연구원.
   (https://www.kihasa.re.kr/publish/regular/hsw/view?seq=64660&volume=64654&site=mapping_hyperlink)
3) 2022년 매킨지보고서 The data-driven enterprise of 2025
   (https://www.mckinsey.com/capabilities/quantumblack/our-insights/the-data-driven-enterprise-of-2025)
4) World Economic Forum, 「The Future of Jobs Report 2023」.
   (https://www.weforum.org/publications/the-future-of-jobs-report-2023/digest/)
5) 한국은행, 「노동시장에서 사회적 능력의 중요성 증가」, 2023.
   (https://www.hani.co.kr/arti/economy/economy_general/1144186.html)
6) PwC, 「Global Workforce Hopes and Fears Survey 2024」.
   (https://www.pwc.com/gx/en/issues/workforce/hopes-and-fears.html)
7) 고려대학교 MBA 블로그, 「커리어 스토리」.
   (https://blog.naver.com/kubs_blog/220336291324)
8) 대한상공회의소, 「100대 기업 인재상 보고서」, 2023.
   (https://www.korcham.net/nCham/Service/Economy/appl/KcciReportDetail.asp?SEQ_NO_C010=20120936092&CHAM_CD=B001)
9) McKinsey &Company, 「Defining the skills citizens will need in the future world of work」, 2021.
   (https://www.mckinsey.com/industries/public-sector/our-insights/defining-the-skills-citizens-will-need-in-the-future-world-of-work)
10) Harvard Business Review, 「The C-Suite Skills That Matter Most」, 2022.
    (https://hbr.org/2022/07/the-c-suite-skills-that-matter-most)
11) 고등교육법, 「대학원의 종류」,
    (https://gradschool.skku.edu/grad/prepare/introduce.htm)
12) 아시아경제, 「올해 100대기업 임원승진율 '0.84%'…"연말인사에선 더 치

열"」 2024.11.07.
(https://www.asiae.co.kr/article/2024110708382453410)

13) 한국경제,「코로나 시대 '기업교육'의 방향은?」, 2020.11.03.
(https://www.hankyung.com/article/202011024659i)

14) IT조선,「1% 확률 뚫은 대기업 임원… 파격 혜택 어떻길래」, 2022.12.12.
(https://it.chosun.com/news/articleView.html?idxno=2022120901198)

15) 아웃소싱타임스, 2024. 2. 8.

16) 아시아경제,「응답하라 1988, 그때를 아시나요?」, 2015.11.19.
(https://www.asiae.co.kr/article/2015111817285293436)

17) 한국은행,「국민계정」.

18) 한국은행 경제통계시스템(ECOS),「1.3 금리 통계」.

19) 위키백과,「장교」.
(https://ko.wikipedia.org/wiki/%EC%9E%A5%EA%B5%90)

20) ALIO 공시시스템,「공공기관 재정정보 통계」.
(https://www.alio.go.kr/statistics/financialInfo.do)

21) 통계청,「경제활동인구조사」, 2023.

22) 통계청,「2023년 혼인·이혼 통계」.

23) 한국개발연구원(KDI),「MBA, 시사용어사전」, 2025. 3. 18.
(https://eiec.kdi.re.kr/material/wordDic.do?skey=MBA)

24) 한국대학신문,「달아오르는 대학 MBA시장」, 1999. 7. 12.
(https://news.unn.net/news/articleView.html?idxno=14359)

25) 서울대학교 경영대학원(SNU Business School),「Full-Time MBA 과정 소개」, 2025. 3. 18.
(https://gsb.snu.ac.kr/program/full-time-mba/overview)

26) 이화여자대학교 경영전문대학원,「과정 소개」, 2025. 3. 19.
(https://gsb.ewha.ac.kr/gsb/about/intro.do)

저자소개

김상명
KAIST 경영전문대학원에서 경영학 석사를 취득했다. 한국과 미국에서 국내 의류브랜드 상품기획자로, 온라인 유통MD로 경력을 쌓았다. 이후 회사의 의사결정과정에 기여하고자 MBA에 진학했고 기획 업무를 담당하게 되었다. 30대 중후반, 미혼 상태로 진학을 결심하기까지 고민이 많았으나 싱글로 입학하여 연애와 결혼을 하고 만삭으로 졸업했다. 직무 전환과 자기개발 그리고 현실 과제 사이에서 고민하는 이들에게 작은 용기가 되고자 이 책을 함께 쓰게 되었다.
email : kim_smyung01@naver.com

김준태
SSG.COM 광고비즈팀에서 리테일미디어 사업의 기획과 운영을 총괄하며, AI 추천광고, 검색 광고, 오프라인 연계형 광고 등 광고 상품 체계를 설계하고 성장시켰다. 이커머스 전략, 마케팅, 제휴 등의 펀더멘탈 구축과 수익 다각화를 위한 광고 비즈니스 모델을 구상하고, 플랫폼 내 광고 생태계 구축을 주도했다. 성균관대학교 iMBA와 연세대학교 MBA를 경험한 이력이 있으며, 산업통상자원부 장관상을 비롯해 다수의 상을 전략·기획 경진대회 및 고위과정에서 수상하며, 실무 역량과 전략적 통찰을 인정받았다.
email : airmanjun@naver.com

김태수
컴퓨터 공학 학사와 석사를 취득 후 금융관련 개발과 운영 그리고 여러 프로젝트를 경험한 IT 전문가다. 제품을 만들면서 고객과 비즈니스의 중요성을 실감하고 기획과 서비스 총괄로 업무를 확대하였다. 전 회사에서 서비스를 런칭하고 전체를 총괄하는 실무형 책임자로 일하며 서비스의 성장을 위해 연세대학교 MBA를 취득하였다. 현재는 개발과 비즈니스 사이에서 균형을 찾아가며 제품을 현실화하는 역할을 하고 있으며, 고객에게 편리하고 안정적인 결제경험을 제공하기 위해 노력 중이다.
email : touts@naver.com

김태욱

서울시립대학교 MBA를 졸업하였고 김태욱 세무회계사무소를 십수년을 운영하며 창업자, 소상공인부터 중소, 중견기업까지 세무신고업무를 수행하고 있다. 삼성생명 삼성법인지역단에서 세무팀장으로 활동하고 있다. ESG 측면에서 사회에 이바지하고자 지역 주민들의 세금에 대한 궁금증을 해결해주는 서울시 마을세무사 및 역삼세무서 영세납세자지원단으로도 활동하며 무료로 세무상담 등을 주기적으로 진행하고 있다. 전문직에게 MBA란 물음표를 가지고 입학했던 대학원에서 많은 도움을 받았기에 미래의 MBA를 지원하시는 분들에게 제가 받은 것을 돌려주고자 집필에 참여하게 되었다.
email : hellotae@naver.com

손은택

성균관대학교 경영대학원(iMBA)에서 경영학 석사를 취득했다. 지(地), 하(下) 그리고 천(天) 업종을 경험한 색다른 이력의 소유자! 이수건설, 네오트랜스(신분당선) 그리고 현재 케이티샛(위성통신)에서 인사·교육·총무·구매 업무를 담당하였고 회계·재무·마케팅·경영전략 이론과 실무 그리고 인적 네트워크를 기반으로 미래에 나를 필요로 하는 회사 CFO를 향해 힘차게 달려가는 직장인이자 여우 같은 아내와 토끼 같은 자식들에 한없이 좋은 남편이자 아빠이길 꿈꾸는 40대 가장!
email : hand1129@naver.com

이은규

고려대학교 경영전문대학원에서 경영학 석사를 취득했으며, 대한민국 최대 게임사인 넥슨컴퍼니에서 커리어를 시작하여 대한민국 제1호 인터넷전문은행 케이뱅크의 오픈을 함께하였다. 케이뱅크에서의 업무 경험을 바탕으로 제3호 인터넷전문은행 토스뱅크에 합류하였고, 준비법인으로 시작해 본인가, 영업개시, 흑자전환에 이르기까지 토스뱅크의 성장을 함께하고 있다. 회사와 학교 밖에서는 딸 쌍둥이의 아빠, 한 아내의 남편으로 가족 모두에게 행복한 추억들을 잔뜩 선물하기 위해 노력하고 있다.
email : freshpunch@gamil.com

진기혁

e커머스 B2B 사업제휴 전문가로, 20년 이상 온라인 업계에서 다양한 경험을 쌓아왔다. 다음(Daum)과 네이버(NAVER)에서 e커머스 제휴 및 온라인광고를 담당하며 국내포털기반 쇼핑 서비스의 성장을 이끌었고, 이후 위메프에서는 B2B 제휴를 총괄하며 대형 e커머스 파트너사들과의 협력을 강화해왔다. 폭넓은 네트워크와 협상력을 바탕으로 B2B 파트너십 구축에 강점을 가지며, 신규 파트너사 발굴과 제휴수립에 있어 전문성을 갖추고 있다. 경희대학교 경영대학원에서 e커머스 MBA 과정을 수료하였으며, 현재는 KG모빌리언스에서 사업부 임원으로 근무하며 새로운 분야인 결제 및 핀테크 업무를 통해 영역을 확장하고 있다.

email : jinxyz100@naver.com

불안하면, MBA

초판발행	2025년 7월 20일
지은이	김상명·김준태·김태수·김태욱·손은택·이은규·진기혁
펴낸이	안종만·안상준
편 집	우석진
기획/마케팅	정성혁
표지디자인	BEN STORY
제 작	고철민·김원표
펴낸곳	(주) **박영사**
	서울특별시 금천구 가산디지털2로 53, 210호(가산동, 한라시그마밸리)
	등록 1959. 3. 11. 제300-1959-1호(倫)
전 화	02)733-6771
f a x	02)736-4818
e-mail	pys@pybook.co.kr
homepage	www.pybook.co.kr
ISBN	979-11-303-2352-7 93320

copyright©김준태 외 6인, 2025, Printed in Korea

* 파본은 구입하신 곳에서 교환해 드립니다. 본서의 무단복제행위를 금합니다.

정 가   17,000원